걷다 보니
마음이
편해졌습니다

나에게 힘이 되는 마음챙김 걷기

걷다 보니
마음이 편해졌습니다

애덤 포드 지음 | 최린 옮김

페이퍼스토리

Contents

걸을 때는 그저 걷기만 하라

우리가 자신을 위해 할 수 있는 최고의 일 중 하나는 잘 걷는 것입니다. 걷는다는 건 세상에서 가장 자연스런 행위 중 하나이지요. 걷는다는 신체 운동은 우선 마음에 생기를 불어넣어 줍니다. 동시에 마음이 좀 더 열리고 깨어 있을 수 있도록 마음을 자유롭게 풀어 줍니다. 자유롭게 풀어지기 전에 마음은 지나치게 긴장된 근육과 같습니다. 이런 마음은 느슨해질 필요가 있는데, 그래야 우리가 현재의 순간을 즐기고 현실과 마주할 수 있는 힘을 갖게 됩니다. 잘 걷고 나면 머리가 맑아지고 생기를 되찾게 됩니다.

이 책의 목적은 걷는다는 행위를 어떻게 우리의 인식 수준을 높이고, 의식 있는 생활을 개선하는 방법으로 활용할지를 찾아가는 데 있습니다. 걷는다는 행위를 더 즐겨서 결국에는 자연 세계 안에서 우리의 자리를 이해할 수 있는 길을 모색하는 것이지요. 걷다 보면 마음 뒤에 숨어 있는 질문들과 마주하게 될 수도 있습니다. 나는 누구인가? 나는 어디에서 왔는가? 나는 어디를 향해 가고 있는가?라고 자신에게 질문을 던집니다. 걷는 행위는 평상시에 편안하게 산책하는 것 이상일 수도 있고, 거대한 강을 따라 지평선 너머로 우리를 데려다 줄 하이킹 혹은 줄지어선 산들 너머나 외딴 숲을 가로지르는 하이킹을 계획하는 것으로 확대될 수도 있습니다.

마음챙김이란 현실과 지속적으로 닿아 있기 위한 방법입니다. 각각의 개별적인 존재, 즉 개인을 위해서 중요할 뿐만 아니라, 강력하고 잠재적인 파괴력을 가진 종의 일원인 우리들 모두에게 중요합니다. 마음챙김은 인간의 본성과 불교에 그 뿌리를 두고 있습니다. 인간으로 존재하는 것이 항상 쉬운 일은 아니지요. 우리는 극도로 불안한 삶을 살아야 하는 위험에 처해 있으며 과거를 걱정하고 미래를 두려워합니다. 그리하여 우리는 지금, 여기서 발견해야 할 삶을 잊고 살아갑니다.

우리는 나이를 먹으면서 무언가를 잃어버렸다고 느낍니다. 어린 시절에는 무당벌레, 장난감 혹은 선물과 같이 단순한 것에 아무런 의심도 하지 않고 마냥 즐거울 수 있었는데, 언젠가부터 그 결백한 기쁨을 잃어버렸다고 느끼게 됩니다.

2,500년 전에, 붓다는 무지와의 끝없는 싸움과 팔정도八正道에서 중요한 요소로서 마음챙김을 그의 가르침 안에 넣었습니다.

붓다는 제자들에게 그들의 몸, 그들의 감정, 그들의 생각에 더 많이 집중하라고 촉구했습니다.

붓다가 살았던 시대는 거대한 변화에 휩쓸리고 있었습니다. 사람들은 기존의 종교에 의문을 가졌고, 붓다는 삶을 탐구하기 위한 새로운 영적인 방법을 가르쳤습니다. 붓다가 보여 준 초기의 모습은 앉아 있는 모습입니다. 한 손은 앞으로 뻗어 땅에 닿아 있습니다. 깨달음을 얻기 위해 전생에 맹세를 한 붓다는 자신의 맹세에 대한 증인이 되어 달라고 땅을 부르고 있는 것입니다.

그는 명상에 잠겨 있지만, 그렇다고 자신의 머릿속에 존재하는 마음의 궁전 어딘가로 멀리 떠나 있는 것이 아닙니다. 물질세계와 정신세계에서 현재의 순간을 비추는 안내자처럼 땅에 맞닿아 있습니다. 마음챙김을 실행하는 좋은 방법은 잘 걷는 것입니다. 그리고 '걸을 때는 그저 걷기만 하라'는 붓다의 단순한 가르침을 따르는 것입니다.

마음의 짐
내려놓기

붓다는 팔정도, 불교도가 걸어야 할 삶의 길 그 일부분으로 마음
챙김을 가르쳤습니다. 그러나 마음챙김은 종교적인 기원과 관계
없이 신체 운동으로서도 가치가 있습니다.

　기독교도가 자애 혹은 용서가 자기들만의 원칙이라고 주장하
지 않듯이, 어떤 의미에서는 마음챙김도 불교신자에게만 해당하
는 것일 수 없습니다.

　기원전 6세기 사람들의 삶이 온갖 근심거리, 고통, 고뇌로 가
득하다는 것을 붓다는 알고 있었습니다. 다른 것은 모두 차치하
더라도, 우리 모두 늙고, 병들고 죽는 것을 피할 수 없이 직면해
야 합니다. 붓다가 보았던 대부분의 사람들은 쉽게 병들었고 어
떻게 해야 최고의 삶을 살 수 있을지에 대한 안내를 필요로 했

습니다. 인간으로 존재하는 것이 무슨 의미인지를 정서적으로 이해하지 못하는 사람들이 많았습니다.

붓다가 살았던 시대에는 사람들 간의 불화를 초래하는 카스트제도가 전통 종교를 지배하고 있었습니다. 태어날 때부터 계급에 따라 엄격히 나누어진 사회에 자신의 자리가 이미 확정되어 있었고, 제사 의식과 축제를 통제하는 강력한 신권이 사회를 지배하고 있었습니다. 붓다는 사람들에게 무언가 다른 것을 주고 싶었습니다. 어떤 사회체제나 신권에도 좌지우지 되지 않고, 사람들이 자신의 영적 발전에 스스로 책임을 질 수 있는 그런 길을 제시하기를 원했습니다. '부지런히 자신을 구원하라'는 붓다가 한 친구에게 남겼던 마지막 말입니다.

그가 밝혀 낸 근본적인 문제는 '나'의 문제입니다. 우리 모두는 자신에 대해서 다소 들뜬 느낌을 갖는 경향이 있고 잘못된 방향에 초점이 맞추어져 있기 십상입니다. 그는 이것이 우리가 겪는 대부분의 고통의 원인이라고 믿었습니다. 개인을 찬양하고, 자신감을 언제나 칭찬해 왔으며 자아를 지지해 온 서구인들에게 이런 생각은 도전적으로 다가왔습니다. 서구 사회는 강한 개성을 존중했고 지속적이고 대대적인 언론 보도를 통해 그 개성을 보상해 주었습니다. 그러나 우리는 어쩌면 잘못된 방식으로 자신에 대해 생각하는 것에 익숙해진 채 성장해 왔는지도 모릅니다.

우리가 누구인지를 받아들이는 법

누가 걷고 있을까요? 어쩌면 우리는 스스로에 대해, 우리가 누구인지에 대해, 우리의 행동 방식에 대해 부정적인 느낌으로 대처하고 있는지도 모릅니다. 우리를 당황하며 움찔하게 만드는 기억들과 기운 빠지게 하는 걱정거리를 안고 말입니다. 그러나 우리의 느낌과 생각들은 마치 먹구름처럼 몰려왔다 사라집니다. 우리는 그중 그 어느 것도 '나'가 아니라는 걸 깨달을 때 위안을 얻습니다. 우리 중 대부분은 이러한 자아 분석에서 붓다만큼 치열하게 멀리 가고 싶어하지 않습니다. 붓다는 모든 것을 버리면, 그곳에는 자아와 같은 것은 없다고 결론지었기 때문입니다(붓다의 목적은 더없이 행복한 무언의 상태입니다. 니르바나라고 알려져 있죠). 현대 신경 과학의 관점에서 보면 붓다는 자아를 '마음속의 생각', 의미 있는 방식으로 우리의 모든 경험을 모으려는 뇌의 작동의 산물로서 묘사한 셈입니다. 18세기 영국의 철학자 데이비드 흄(David Hume, 1711~1776)은 인간을 한낱 감각 덩어리로 묘사하며, 이렇게 의견을 말했습니다.

"내가 자아라고 부르는 것 안으로 가장 깊숙이 들어갈 때, 난 항상 어떤 인식에 마주친다. 더위나 추위에 대한 인식, 빛이나 그림자, 사랑이나 증오, 고통이나 기쁨 같은 인식이 항상 느껴진다. 아무런 인식도 없는 상태의 나 자신을 한번도 포착할 수 없었고, 아무런 인식 없이는 무언가를 관찰할 수 없었다. 자아란 이런한 '감각들의 묶음'이다."

'나'의 본질에 대해 우리가 어떤 견해를 갖고 있건 불교적인 접근은 적어도 자아상 안의 많은 것들을 놓아 버릴 수 있다는 걸 넌지시 암시합니다. 자아상 안의 그것들은 우리를 끊임없이 괴롭히고 있습니다. 그렇지만 우리는 깨닫고 있는 것보다 더 많은 내면의 자유를 갖고 있습니다. 우리가 누구인지 받아들이는 법을 배우고 있습니다.

생각을 놓아 주기

잘 걷는다는 건 '나'라는 짐을 내려놓기에 아주 훌륭한 방법입니다. 생각을 정리할 수 있는 시간을, 언젠가 반드시 죽고, 의심과 죄책감에 시달리고, 상처받기 쉽고 머릿속이 혼란해서 우울한 인간의 속성과 타협할 수 있는 강약이 있는 시간을 줍니다. 그렇지만 이것이 우리가 자신의 문제에서 멀리 벗어나게 된다는 것을 의미하지는 않습니다. 오히려 자신이 마주한 문제를 균형감을 갖고 받아들이고, 있는 그대로 문제를 직시하고, 문제 때문에 죄책감이나 걱정, 불안에 사로잡히지 않는 걸 의미합니다.

이 시점에서 특히 조심해야 할 점이 있습니다. 마음챙김을 염두에 두고 걸을 때는 그저 걷기만 해야 합니다. 마음의 짐인 그 많은 것들과 싸우며 걸어서는 안 됩니다. 그래서 우선 생각을 놓아 버리는 것이 첫 번째 과제입니다. 한 발자국 또 한 발자국 그저 걷는 겁니다. 그러면 나중에 문젯거리나 일들이 자연스럽게, 굳이 노력하지 않아도 스스로 정리되기 시작합니다. 머리와 가슴에 고뇌가 없도록 깨끗이 합니다. 시선을 밖으로 향합니다. 주변의 소리들, 비둘기가 구구거리는 소리, 멀리서 들려오는 농기구의 윙윙거리는 소리를 의식합니다. 지나가는 행인에게 고개를 가볍게 끄덕이거나 미소를 지어 보입니다. 멈추어서 비행기나 나비를 쳐다봅니다. 의식적으로 공기를 들이마시고, 들이마신 공기가 신체에 생기를 불어넣는 걸 느껴 보는 겁니다.

옛길을 따라
천천히 걷다

고대 인류가 걸어서 만들어진 길들이 지구 표면을 덮고 있습니다. 수많은 길들은 그저 겨우 알아볼 정도이지만, 더 넓어졌거나 고속도로로 바뀐 길도 있습니다. 정착민들의 외진 주거지 사이에 길고 외롭게 나 있는 길도 있고, 사냥·순례·여행의 목적으로 촘촘하게 연결되어 있는 길도 있습니다. 인류 사회의 역사를 드러내는 지도가 사람들의 발과 말굽과 바퀴에 마모된 땅 위에 그 자국을 남기고 있습니다. 오래된 무역로가 전 세계를 가로지르고 있습니다. 향신료와 옷감, 도자기를 실어 나르던 중국의 실크로드, 멕시코로부터 주홍색 마코앵무새를 이동시켰고 애리조나의 터키석 무역로였던 북-남 경로, 북미 대륙을 가로질렀던 개척자들의 이주 경로, 호주를 가득 메웠던 드림타임(우주 탄생이나 역사에 관한 내용을 담고 있는 호주 신화 – 역주)의 자취를 쫓는 원주민들의 노랫길. 지역을 조금만 연구하다 보면, 다양한 모습의 자연 속에서 마음챙김의 산책을 할 수 있는 오래된 길을 발견하게 됩니다. 러디어드 키플링(Rudyard Kipling, 1865~1936)의 멋진 시 〈숲을 지나는 길〉을 읽어 본 사람들은 이 시를 기억할 겁니다.

그들은 숲을 가로지르는 길을 막았지
70년 전에.
날씨와 비가 다시 그 길을 망가뜨렸고,
이제 당신은 결코 알지 못하네
예전에 숲을 가로지르는 길이 있었다는 것을.

그리고 키플링의 상상력은 오래전에 그 길을 걸었던 사람에 대한 생각으로 이어집니다. 그는 시의 후반부에서 이렇게 노래합니다.

그렇지만, 만약 당신이 숲에 들어간다면
늦은 여름밤에,

숭어 떼가 헤엄치는 웅덩이 위로 밤공기가 차갑게 식어갈 때…

당신은 말발굽 소리를 듣게 될 테지

그리고 이슬 속에서 치마가 스치는 소리도…

영혼과 함께 걷는다는 것. 이것은 옛길과 산책로가 가진 매력입니다. 실제로 지고 가야 하는 물리적 짐이건 은유적인 맥락의 짐이건, 그 짐을 지고 이 길을 여행하는 사람이라면 누구나 이런 생각을 합니다. 이 길들을 걸으면서 우리는 영혼들과 함께하게 됩니다. 그들도 보았던 지평선이 지나는 광경을 보고, 그들이 앉아서 쉬었던 그 바위 위에 앉아서 쉬고, 때로는 그들도 서 있었던 옛 길가 그 나무의 그늘 아래에서 쉬곤 합니다.

오래된 옛길을 따라 걸을 때면, 때로는 그 길이 얼마나 오래되었는지, 사람들이 그 길을 어떻게 걸었는지를 말해 주는 그런 징후를 발견하기도 합니다. 여러 세대에 걸쳐 상인들이 계속 오고 갔던 그 평범한 길을 알아보는 것이죠. 잘 만들어진 지도는 옛 로마 도로의 자취를 보여 주는데, 그 도로들은 군사적 쓰임의 방식에 따라 만들어졌고, 들판을 가로질러 쭉 뻗으며 새로 만들어진 길에 덮인 채 숲을 지납니다. 이제는 조용히 쉴 수 있는 권리를 가진 옛 마찻길들은 이 길들을 대신하느라 새로 만들어진 찻길과 나란히 놓여 있으며, 대부분의 지도에서 우리는 그 길들의 자취를 또렷이 알아볼 수 있습니다.

나무가 우거진 산림지역의 농부들은 전통적으로 봄이면 고지대의 목초지로 자신들이 키우는 소들을 데려갔다가, 겨울이 되면 계곡으로 소 떼를 몰고 내려왔습니다. 이렇게 주기적으로 이동을 할 때 그들은 자신들이 쉽게 알아볼 수 있는 길을 이용했습니다. 숲속을 이리저리 헤치며 다니고, 종종 옹이가 많고 비틀린 나무들이 수백 년 전부터 뿌리를 내린 낡고 거친 돌담을 따라 움직였습니다. 그 돌담들은 거대한 바위에 둘러싸이기도 하고 얕은 개울을 가로지르기도 합니다. 여전히 사람들이 이용하는 개울물은 낙엽과 진흙에 섞여 흐르고 있습니다. 이런 길을 걷는다는 건 과거 세계로 산책하는 것과 다르지 않습니다.

우리의 발자국을 더하다

단단한 땅 위에 자리 잡은 시골길이 벌거벗은 채 드러난 바위를 가로지를 때, 마차의 바퀴가 때로는 홈이 파이도록 길을 긁어 내기도 합니다. 이것과 비교하면 길 위에 난 우리의 발자국은 믿을 수 없을 만큼 일시적이고 수명이 짧은 것처럼 보입니다.

만약 산책을 하다 헤더(낮은 산 황야지대에 나는 야생화 – 역주), 황새풀, 고사리를 지나 저 높은 지대의 황무지로 발걸음이 향한다면, 오래전 과거의 시대로 말려들어 간, 이끼로 덮인 바위들을 표지로 삼은 길을 발견하게 됩니다. 그 바위들은 지금은 쐐기풀과 이끼에 가려 거의 보이지 않죠. 이 오래된 길은 더러는 초기 신석기 시대까지 수천 년을 거슬러 올라갑니다. 처음 그 길을 걸었던 사람들이 지금 우리가 살고 있는 이 세상에 대해 어떻게 생각할지 궁금하기도 합니다.

그러나 움푹 파인 길, '푹 꺼진 길'이 가장 신비로울 수도 있습니다. 그 길을 걷다 보면 식물과 오소리 무리들, 담쟁이덩굴로 뒤덮인 채 길 옆으로 쓰러져 있는 나무 몸통들이 굴을 만들어 버린 곳을 지나게 되곤 합니다. 그 속에서 사람들은 길을 잃고 맙니다. 딱따구리가 시끄럽게 날아다니고 작은 새 떼가 나무 저 위의 가지들이 만들어 낸 그늘 아래서 울어 댑니다. 이곳을 걸으면서 우리는 역사를 거슬러 과거의 환영들과 함께 길을 걷는다고 느낍니다. 미래 세대를 생각할 때는 우리가 그들 무리의 일부라고 생각합니다.

느긋한 마음으로
서두르지 않기

"서두르지 마! 이 버스를 놓치면 다음 버스를 타면 돼!"

약간 나이 차가 있어 보이는, 정규직에서 은퇴한 연령대의 두 노인이 대화를 나누고 있습니다. 눈부시게 화창한 가을 아침, 그들은 산간 지역으로 긴 도보 여행을 떠나려는 중이었습니다. 더 젊은 노인은 서둘러서 산책로에 발을 들여놓으면서 이 도보 여행을 시작하려고 조바심을 냈고 이 점에 대해 다른 노인이 무언중에 질책을 한다고 느꼈습니다. 그때 그는 그 노인이 옳았다는 걸 알게 되었습니다. 사실 그들은 전혀 서두를 필요가 없습니다. 그들에게 시간은 아무런 문제가 되지 않았던 것입니다.

서두르고 앞으로 돌진하는 것이 21세기의 특징이 되어 버렸습니다. 우리는 정신없이 빠르게 돌아가는 세계에 살고 있으며, 단 한순간도 비워 두지 않고 모든 일을 서둘러 끝내야 직성이 풀립니다. 멈추는 법도 고요히 지내는 법도 잊었고, '더 서두르되, 속도는 늦추어라'는 오래된 격언도 무시합니다. 이 격언을 들으면 순간 짜증이 나기도 하는데, 일을 엉망진창으로 망쳤을 때 이것을 비판적 시각으로 지켜보던 사람들이 주로 했던 말이기 때문일 겁니다. 멈추어서 고요히 지내는 법을 배우는 건 우리의 정신 건강을 위해 꼭 필요하며, 걸으면서 연습할 수 있습니다. 물론 나이와 몸의 건강 상태에 많이 의존하지만, 운동을 목적으로 걸을 때, 심장이 조금 더 빨리 뛰도록, 더 깊이 숨을 쉬도록, 산소로 폐를 가득 채우도록, 몸의 구석구석까지 피가 돌도록 연습하는 것은 중요합니다. 즐겁게 운동하고 난 후에 느껴지는 기쁨에 대해 우리 모두는 잘 압니다. 건강하게 땀을 흘릴 때 느낄 수 있는 그런 기쁨입니다. 그러나 그런 순간에도 어떻게 멈추어야 하는지를 알면 더 많이 얻게 되는 이익이 있습니다.

마음챙김의 길로 돌아가라

걷다 보면 마음먹은 것보다 더 서두르며 걷기도 하는데, 순간을 염두에 두어야 한다는 걸 잊고 마음 안의 악마에 사로잡히는 것이지요. 더 나이를 먹다 보니, 자신을 호되게 몰아붙이고 있는 건지도 모릅니다. 즐기기보다는 정복하겠다는 도전 정신으로 언덕을 넘어가려고만 합니다. 우리 내면의 모든 것이, 시선을 길 위에 고정한 채 앞으로만 나가도록 음모를 꾸미고 있습니다. 아마도 주변의 아름다운 경관 따위는 의식하지도 못한 채 중압감에 사로잡혀 불평을 쏟아 내면서 앞으로만 전진하도록 강요하고 있는지도 모릅니다. 자긍심, 서두르는 버릇, '무조건 열심히 하려는' 욕망, 이 모든 것이 하나로 뭉쳐집니다. 그러다 운이 좋으면 본성을 되찾고 자신이 얼마나 해괴망측하게 변했는지 깨닫게 되겠지요. 비로소 그때에서야 멈출 수 있을 겁니다. 안절부절 걱정에 사로잡힌 생각이 행동을 지배했으며, 감동을 느끼라고 우리를 유도해 왔습니다.

2분 동안 의식적으로 호흡을 해 봅니다. 마음속으로 유념하며 숨을 들이쉬고 숨을 내쉽니다. 그러면 마음 깊은 곳으로 되돌아갑니다.

최근에 나는 이것을 다시 한번 되새길 수 있었습니다. 우리가 얼마나 쉽게 모든 것을 잊고 사는지요! 가족과 함께 산책을 하는 중이었는데, 언덕 꼭대기가 최종 목적지였습니다. 나는 몇 년 동안 가지 않았던 언덕이었지요. 그사이 나는 나이를 더 먹었고, 가파른 언덕을 오르는 건 점점 더 힘들었습니다. 언덕까지 갈 수 있을지 알 수 없었습니다. 느긋한 마음으로 서두르지 않도록 자신을 조절하고, 함께 걷는 젊은 사람들보다 더 긴장을 풀고 걷는다는 건 엄청난 노력을 요구했습니다.

젊은 조카딸은 앞으로 쏜살같이 내달렸고 저 위쪽 바위 위에 앉아서 활짝 웃다가, 우리가 도착하면 다시 앞으로 달려갔습니다. 그 아이는 단 한번도 '서두르세요!', '빨리 오세요'라고 재촉하거나 나의 느리디 느린 걸음걸이를 비웃지 않았습니다.

고요히 침잠하는 법을 배우다

속도를 늦추고, 심지어는 멈추는 법을 배우는 것이 단지 언덕을 오를 때 등반의 흐름을 끊어야 한다는 걸 의미하지 않습니다. 일단 멈추는 법을 알게 되면, 행동을 막을 뿐 아니라 행동의 동반자가 될 수 있는 내면의 태도를 갖게 됩니다.

초기 불교 경전에 이런 효과에 대해 붓다가 한 얘기가 있습니다. 사람들의 손가락을 모으는 행위를 숭배하는 끔찍한 노상강도가 있었습니다. 손가락들을 목걸이에 꿰어 건 채 숲속으로 붓다를 쫓아왔습니다. 그 노상강도의 이름은 앙굴리말라('손가락 화환'이라는 의미)였습니다. 그 지방 왕은 이 혐오스러운 도둑을 잡고 싶었고, 붓다가 그 도둑을 찾아 나선 것을 알면서도 붓다를 미끼로 내버려 두었습니다.

앙굴리말라는 붓다를 보자 칼을 빼어 들고 뒤를 쫓았는데, 그 역겨운 목걸이에 손가락을 하나 더 추가하려는 욕심에서였지요. 그러나 붓다는 무관심하게 전혀 당황하지 않고 그저 조용히 가던 길을 갔습니다. 앙굴리말라는 땀을 뻘뻘 흘리며 더 빨리 뛰었습니다. 그러나 아무리 빨리 뛰어도 그 도둑은 천천히 걷고 있는 붓다를 따라갈 수가 없었습니다. 결국 그는 탈진한 채 땅바닥에 주저앉았습니다. 붓다는 그를 돌아보며 말했습니다.

"앙굴리말라야, 난 한참 전에 멈추었느니라. 이제 너도 포기하고 고요해지는 법을 배워야 할 때가 되었다."

앙굴리말라는 그 말을 듣는 즉시 깨닫고 내면의 악령을 떠나보냈습니다. 그리고 그는 붓다의 헌신적이고도 성실한 제자가 되었습니다.

마음챙김 호흡과
마음챙김 걷기

마음챙김에 대해서 기억해야 할 것은 마음챙김은 완벽하게 자연스러워서, 심지어는 아무런 노력을 하지 않고도 연습할 수 있다는 사실입니다. 정원의 잡초를 뽑거나, 요리를 하거나, 그림을 그리거나, 시골길을 걸으며 신선한 공기와 경치를 감상하면서 머리가 맑아질 때, 그 일에 더 몰두할 수 있을 때, 어쩌면 우리는 이미 마음챙김의 상태인지도 모릅니다. 성취감에 취해 지금 여기에 의식적으로 참여하고 있는 것이지요.

일상생활에서 그런 순간은 흔하지 않습니다. 왜냐하면 살아가며 경험한 것들이 종종 걱정거리와 불안한 마음, 자신에 대한 회의, 스트레스와 불확실성의 소음으로 어수선해지기 때문입니다. 그러나 그런 순간을 삶에서 자주 마주하지 않으면 안 됩니다. 마음챙김을 깨닫고 음미하면, 어느 장소에 있건 현재의 순간에서 평안하게 살고 마음챙김을 발전시키는 법을 배울 수 있습니다.

　마음챙김 연습에서 호흡은 매우 중요한 부분입니다. 우리는 눈에 보이지 않는 삶, 말하자면 공기 속의 산소를 들이마시는 행위에 우리의 존재를 의존하고 있습니다. 5분 정도만 숨을 쉬지 못해도 사람은 목숨을 잃습니다. 그런데도 대부분의 시간 동안 우리는 그것에 대해 거의 생각하지 않습니다. 호흡을 연습하기 위해서는, 우선 몸과 마음이 편안한 상태여야 합니다. 서거나 앉아서 등을 곧게 펴세요. 그렇다고 중압감을 느끼거나 털썩 주저앉아서도 안 됩니다. 어깨는 뒤로 젖혀 주세요. 어떤 자세도 억지로 하면 안 됩니다. 부드럽게 숨을 쉬다 보면 우리 몸이 얼마나 많은 공기를 필요로 하는지 알게 됩니다. 그리고 폐를 활짝 열어 공기가 흘러들어 올 때 들숨을 느끼고, 폐가 수축하면서 날숨으로 연결되는 걸 느끼며 그저 호흡을 관찰합니다. 이런 간단한 동작에 집중하는 것만으로도, 마음이 이리저리 방랑하는 걸 멈추고 몸이 진정되는 걸 알 수 있습니다.

리듬을 발견하는 것

팔을 규칙적으로 흔들면서 호흡과 맞추어 걸으면 마음챙김을 연습할 수 있습니다. 다시 한번 말하지만, 절대로 억지로 하면 안 됩니다.

그저 자신에게 편안하게 느껴지는 리듬을 찾고 숨이 어떻게 들고나는지를 의식합니다. 우리 몸은 제각각 달라서 자신이 본능적으로 좋고 편안하게 느낄 수 있는 각자의 방법을 찾아야 합니다. 불교 선사인 틱낫한은 《걷기 명상 *How to Walk*》라는 책에서 몇 가지 방법을 추천했는데 어떤 독자들에게는 아주 큰 도움이 되었던 것 같습니다.

그는 인파로 붐비는 도심이나 공항에서 걷는 행위를 어떻게 즐길 수 있는지, 계단을 어떻게 걸어 올라가야 하는지에 대해 고민했습니다. 우선 숨을 들이쉬며 두 걸음을 걷고 숨을 내쉬며 세 걸음을 걷는 걸로 시작하라고 권유합니다. 이것이 편해지면, 들숨에 세 걸음, 날숨에 다섯 걸음을 걸으라고 합니다. 언덕을 오를 때는 걸음 수를 줄여야 할 것입니다. 우리 몸에 귀를 기울이고, 각자 자연스런 리듬을 찾도록 조절을 합니다.

마음챙김 호흡과 마음챙김 걷기는 우리가 살고 있는 세계와 연결되는 길을 더 개척하기 위한, 그리고 살아 있는 생태계 속의 우리 자리와 다른 창조물과의 연결에 대해 숙고하는 방법을 더 찾기 위한 기초 작업입니다. 우리는 발아래 놓인 땅을 느낄 수 있습니다. 지구의 중력이 끊임없이 잡아당기는 것도 느낍니다. 특히 언덕을 느릿느릿 올라갈 때는 더 확연히 느낄 수 있습니다.

현재라는 순간에 우리 몸을 더 의식하면서, 우리는 주변 환경을 더 의식하고 감사하게 여기게 되는 확실한 지점을 찾아냈습니다.

기억하는 걸 배우기

프랑스 작가이자 활동가이며 철학가인 시몬느 베이유(Simone Weil, 1909~1943)는 모든 과학적 연구는 종교적인 사색의 형태라고 쓴 적이 있습니다. 과학이라는 학문을 염두에 두고 걷지 않는 경우에는, 우리는 자신만의 방식으로, 자신의 수준에서 세계의 현실을 탐구할 수 있습니다. 스쳐 지나가는 풍경, 들판과 울타리, 건물, 구불구불한 시냇물, 사납게 흐르는 강, 바위의 노두를 관찰하며, 지평선에서 지평선으로 길게 이어지는 길을 따라 걸을 때, 인간이 만들어 낸 것과 자연 그대로인 것들을 구별하는 법을 배울 수 있습니다. 우리 고향인 지구의 지리에 더 유념합니다. 우리 인간 종이 지구의 표면을 바꾸어 왔던, 그리고 지속적으로 바꾸고 있는 방식에 좀 더 유념하게 됩니다.

새 혹은 나비, 꽃이 피는 식물이나 나무에서도 우리는 자신을 이롭게 하는 것에 이끌립니다. 그것들을 알아보는 법을 배우는 것은, 인간이 그 일부분인 생태계의 풍부한 본질을 좀 더 세밀하게 알아 가는 길입니다. 우리가 나비 날개의 아름다운 색깔이나 날개 아랫부분의 세밀한 무늬들을 알아보는 건, 나비의 종을 결정하려고 가까이서 자세히 들여다보며 관찰할 때뿐입니다. 굴뚝새와 울새의 울음소리, 개똥지빠귀와 검은새 찌르레기의 울음소리를 구별하는 건 오로지 고요히 멈추어서 귀를 기울일 때뿐입니다.

마음챙김에 동반되는 기쁨과 평온을 알게 되면, 마음챙김을 잊어서는 안 됩니다. 가족을 만나고 올 때, 사무실과 도시를 산책하고 돌아올 때 그것을 기억하고 발전시키는 걸 배워야 합니다. 스트레스, 걱정, 불안을 이겨 내도록 우리를 도울 겁니다.

가을의 향기를
들이마시다

봄에 당신은 숲이 우거진 삼림지대를 걷고 있습니다. 어쩌면 행상인들이 만들어 놓은 구불구불한 오솔길을 따라 걷고 있을지도 모릅니다. 갑자기 마늘 냄새, 야생 마늘 냄새가 납니다. 멈추어서 주변을 이리저리 둘러보는데, 저기 덤불 아래, 넘어진 나무와 오래된 썩은 나무둥치 주변에 갓 돋아난 윤기나는 녹색 잎들이 깔려 있는 그 틈바구니에서 흰 꽃이 봉오리를 터트리고 있습니다. 당신은 그 꽃의 향기를 맡으며 깊게 숨을 들이쉽니다. 그 향기를 음미합니다. 자연이 주는 야생의 냄새는 알아내기 힘듭니다. 우리는 어떻게 그 향기를 즐겨야 하는지 잊어버렸습니다.

35

개들은 왜 이 모든 걸 즐기는 걸까요? 새로 만든 울타리나 들판으로 개들이 쏜살같이 달려갈 때 얼마나 흥분하고 있는지 충분히 느낄 수 있습니다. 코를 땅에 바싹 붙이고, 자신들에게 주어진 모든 것에 압도되어 열중하고 있습니다. 여우나 고양이의 자취는 훌륭한 탐색거리입니다. 토끼나 쥐 냄새라도 나면 위액이 왕성하게 분비되죠. 가로등 기둥은 더 말할 필요도 없죠! 거기에는 인간의 상상력이나 꿈을 뛰어넘는 개들만의 향기와 냄새 천국입니다.

찾기 어려운 냄새 찾기

마음챙김 연습은 호흡에 집중하면서 시작됩니다. 마음속의 괴로운 짐들, 어제부터 이어지는 불안한 생각, 내일에 대한 끝없는 걱정거리들을 순간이나마 내려놓고 생명력이 넘치는 호흡을 하며 몸의 긴장을 풉니다. 부드럽게 숨을 들이마시며 폐를 가득 채웁니다. 잠시 숨을 멈추었다가 다시 내쉽니다. 자신에 맞는 시간에 자신의 리듬으로 하면 됩니다. 들이쉴 때도 내쉴 때도 억지로 공기를 밀어내지 않습니다. 이렇게 하면 정신이 더 맑아지고, 더 깨어 있게 되고, 더 의식적이 됩니다.

그리고 호흡과 함께 찾기 힘들었던 냄새가 다가옵니다. 너무 열심히 냄새를 맡으려 하면 그것은 당신에게서 달아날 겁니다. 기다리면서, 부드럽게 숨 쉬면 다시 당신에게 다가올 겁니다.

후각 시스템은 뇌에서 가장 오래된 감각 부위이며, 포유동물들이 음식을 찾고 독을 구별하는 데 도움이 되도록 진화해 왔습니다(코가 입과 그렇게 가까이 있도록 진화하다니 얼마나 영리한지요!). 그러나 대부분의 사람들에게서 후각은 이미 죽어 버린 감각이 되었습니다. 우리는 더 이상 후각에 의존해서 유용한 정보를 얻지 않으며, 아침 커피 향기가 주는 기쁨 혹은 도심의 매캐한 매연 내음에서 느껴지는 역겨움에서 멀리 물러나 있습니다. 그 냄새나 향기들이 우리에게 무엇을 말하려는지를 간과한 채 살아가고 있습니다.

이렇게 우리가 냄새와 멀어진 채 살고 있지만, 기억과 함께 순간적으로 우리를 압도하는 냄새들이 있습니다. 타르 냄새는, 3살짜리 꼬마가 건장한 남자들이 길을 수리하는 것을 구경하던 어떤 가든 게이트 앞으로 우리를 데려갑니다. 방금 베어 낸 건초 냄새는 어린 시절 행복했던 어느 여름을 떠오르게 만듭니다. 기차 안으로 올라가는 순간 갑자기 어딘가로 몸이 옮겨지는 착각이 들며 희미하게 어떤 냄새가 나지만 어딘지 알 수 없습니다. '뭐지? 예전에 여기 와 본 적이 있는 것 같은데! 그게 언제였지? 이 냄새를 마지막으로 맡았을 때 내가 어디에 있었던 거지? 오랫동안 잊고 있기는 했지만 정말 친숙한 냄새인 걸.' 경험은 시간이 지나도 계속 남아 있는데, 그 경험의 근원이 어디인지를 생각하다 보면 매우 낯설게 느껴지기도 합니다.

그리고는 밤공기 속의 희미한 인동 덩굴 냄새처럼 사라져서 잃어버립니다. 우리에게 그저 궁금증만 남기는 것이지요.

우리가 길을 걸을 때 후각을 공격해 오는 냄새를 더 많이 자각할 수 있게 되면, 그것도 마음챙김의 한 부분이 될 수 있습니다. 잠에서 깨었을 때 아무런 냄새도 자각하지 못하는 것보다 어떤 냄새라도 감지하고 그것을 즐기면서 아침을 시작하는 것도 마음챙김을 위한 해결책일 수 있습니다. 도시를 관통하며 산책을 하다 보면, 생선 가게, 카페, 비누 가게, 가죽으로 만든 제품에서 나는 온갖 냄새, 인공적이고 실질적인 냄새를 맡게 됩니다. 차량의 매연 냄새, 지나가는 보행자들의 향수와 애프터쉐이브 향기 등과 뒤섞여 이 모든 냄새는 우리를 압도합니다. 더 미묘하고 지속적인 냄새를 느끼려면 시골로 가야 합니다. 황야 지대를 가로지르며 산책을 할 때, 어쩌면 당신은 운 좋게도 더위에 질식하고 있는 노란색 가시금작화의 코코넛 향기를 맡게 될지도 모릅니다. 움푹 꺼진 습지로 들어가서 늪지에서 피는 도금양의 독특한 향기를 발견해 보세요.

가을의 향기

시골에 대한 향수를 불러일으키는 냄새는 아마도 가을에 가장 진하게 느낄 수 있을 겁니다. 마치 마셔 보지 못했어도 와인의 향취를 알아채는 것처럼, 코를 통해 부드럽게 숨을 쉬면서 우리의 인식의 중심에 붙잡고 있을 만한 가치를 지닌 것이 가을 향기입니다. 눈을 감으면 훨씬 도움이 됩니다. 과수원에서는 사과와 배의 과일 냄새가 납니다. 숲속의 땅은 독버섯의 강렬한 악취를, 부패한 나무와 썩어가는 식물들의 풍부한 냄새, 부엽토 냄새를 풍깁니다. '부엽토humus'라는 단어가 인류human, 유머humour, 겸손humility과 같은 단어들처럼 인도-유럽어와 어원이 같다는 사실은 상기할 만한 가치를 지닙니다.

공기를 음미하며 산책을 할 때, 우리는 생명체 주기의 일부인 풍부한 토양의 산물이 됩니다. 부패는 삶의 연료를 공급합니다.

바라보는 대신
귀 기울이기

주변을 바라보는 대신, 때로는 주변에 귀를 기울여 보세요. 산책을 할 때, 우리들 대부분은 귀보다는 눈에 더 의존합니다. 풍경에 대한 우리의 '기억'은 시각적입니다. 그러나 때로는 형광등 스위치를 내리고 소리의 음량을 높이면 달라집니다. 이것은 아주 유용한 마음챙김 연습으로 깨달음의 수준을 높이고, 현재의 순간 속으로 몰두하게 만듭니다.

걸으면서 그저 귀를 기울이세요. 아마도 눈을 반쯤 감으면 좋을지도 모르지만, 이런 경우 조심해야 합니다. 해변을 걷다가 바다에 빠지지 않도록, 등산을 하다 벼랑으로 떨어지지 않도록요! 당신이 듣는 것에 익숙해질 때까지, 걷다가 잠깐 휴식을 취하며 벤치에 앉아 있거나 어느 문기둥에 기대어 서 있는 것이 덜 위험할 뿐 아니라 심지어 더 좋을 수도 있습니다.

대부분의 시간 동안 우리는 주변 세계의 소리에서 차단되어 있습니다. 우리는 업무나 작업에 방해가 된다는 이유로 소리를 차단하라고 배웠습니다. 그러나 이제 그 소리들이 당신의 의식적인 마음 안으로 들어가도록 하세요. 그러면 당신은 거기에서 들려오는 것이 있다는 사실에 문득 놀라게 될 겁니다. 온 신경을 기울여 들어 보세요. 마치 아이가 조개껍질을 귀에 바싹 대고 그 안에서 들려오는 먼 바다의 으르렁거리는 포효에 사로잡히고 매혹되어 귀를 기울이듯이 말입니다.

그저 가만히 들어 보세요

소리는 불교 명상에서 오랫동안 이용되어 왔습니다. 예를 들어, 티벳 사원의 종은 사물의 덧없음을 반영합니다. 선禪에서 맑은 종소리는 깨달음의 수단이 될 수 있습니다. 진정한 본질로 마음을 일깨우고, 명상 중인 스님이나 수녀를 현재의 순간으로 데려옵니다. 그러나 이런 '깨달음'의 경험은 흔하지 않으며, 기대하거나 파악해서는 안 됩니다. 그렇습니다. 들으면서 무언가를 기대하지 마세요. 그저 듣기만 하세요.

마음챙김이 기대하는 것은 온화하며, 단지 신선한 공기를 마시기 위해 정신의 창을 열기만 하면 됩니다. 이것은 도道의 길인 선禪보다는 오래된 전통에 가까웠습니다. 비록 당신이 이웃 마을에서 어린 수탉과 까마귀 소리를 들을지도 모르지만, 그곳에 갈 필요가 없다는 것, 당신이 있는 곳, 여기에 지금 있는 것에 만족한다는 것을 배웠습니다.

맹인의 마음챙김

두 눈으로 세상을 보는 우리는 평생을 맹인으로 살아가는 사람들과 비교하면 듣는 것에서는 초보자입니다. 맹인들은 소리를 통해 자신들의 주변 환경을 알아보는 능력을 발전시킵니다. 그들은 램프 기둥에 다가갈 때 자신들의 발소리가 울리는 걸 통해서 램프 기둥을 '들을 수' 있습니다. 손가락을 쥐고 부드러운 가구나 빈 벽을 두드릴 때 소리가 어떻게 울리는지 귀 기울여 들으면서 방과 방에 놓인 가구를 탐색할 수 있습니다. 그들은 신호등에 따라 멈추고 출발할 때, 소란한 보행인 무리와 교통의 흐름을 인식하며 복잡하고 거대한 교차로를 망설임 없이 자신 있게 건널 수 있습니다. 그들의 능력을 보면, 저기 바깥세상이 우리가 탐색해 주길 기다리고 있다는 것을 깨닫게 됩니다.

툭 트인 시골 들판을 걷다 보면, 거기에 들어야 할 소리들이 너무 많습니다. 몇 년 전에 동료가 들려주었던 이야기가 기억납니다. 그는 맹인인 사촌과 휴가를 보내는 중에 함께 산책을 하면서 어떻게 자연에 더 기민해지고 익숙해질 수 있는지를 배우게 되었다고 말했습니다. 그 사촌은 산책을 하다 멈추어서 하늘을 가리키며 '존, 저기 독수리가 있어!'라고 말했는데, 정말로 그들 머리 위 저 높은 곳에서 한 쌍의 독수리가 뭉게구름 아래 따뜻한 기류에서 원을 그리며 돌고 있었다고 합니다. '난 한 번도 그런 걸 본 적이 없어, 알아챈 적도 없고.' 제 친구 존은 이렇게 말했습니다.

선의 종소리

우리는 나무 꼭대기를 휘젓는 바람 소리를 듣는 사치조차 자신에게 허용하지 않으며 삽니다. 바람이 불 때, 모든 나무는 제각각 자신만의 특징적인 소리를 냅니다. 당신이 걸어갈 때, 저 멀리 외따로 떨어진 가시덤불 속에서 바람이 신호를 보냅니다. 떡갈나무가 바스락거리며 내는 깊은 소리는 전나무의 부드러운 쇄쇄하는 소리와, 사시나무가 불안한 듯 흔들리며 내는 소리와는 다릅니다. 바람이 거센 날에는, 바람이 어떻게 숲을 가로지르며 부는지, 계곡을 따라 올라가며 부는지를 들을 수 있습니다. 당신을 향해 구부러지고 요동치는 나무를 관찰하세요. 그리고 다시 거센 돌풍이 부는 걸 기다려 봅니다.

비가 거세게 내리며 양배추 밭을 휩쓸어갈 때도 마찬가지입니다. 다가가서 그 옆을 지나면 멀리서 후두둑거리며 휙 지나는 소리가 포효가 되는 걸 느낍니다. 들어 보세요. 그 소리가 시골을 가로질러 후다닥 뒤로 물러나는 걸 쫓아가 봅니다.

어떤 소리는 당신에게 찰싹 들러붙어 있습니다. 탁 트인 황무지 혹은 강어귀에서 마도요새가 지저귀는 소리는 당신을 밖으로 끌어내고 어린 시절의 기억으로 데려갈 겁니다. 개똥지빠귀나 흉내지빠귀가 목청껏 내지르는 지저귐에 어쩌면 몇 주 동안 당신을 사로잡고 있었던 슬픔이 사라지기도 합니다. 그 지저귐 소리는 선禪의 종소리가 가진 깨달음의 모든 힘으로 당신의 영혼을 고양시키고 새로운 인생을 선포하고 있습니다.

숲속을 산책하며
느끼는 즐거움

나무는 대기 중으로 수분을 내보내고, 산소를 뿜어내고, 동트는 이른 새벽에 바람에 흔들리며 우리가 여기서 그들을 바라보기 훨씬 이전부터 지구상에서 자라 왔습니다. 나무는 공룡이 이 지구상에 왔다가 사라지는 걸 지켜보았으며, 최초로 꽃피는 걸 목격한 증인이었을 뿐 아니라 산업혁명의 원동력이 되었던 거대한 석탄 퇴적물을 쌓았습니다. 나무는 수백 년을 살 수 있습니다. 나무 사이를 걷다 보면 지구상에서 가장 오래된 생명체와 함께 당신은 공기와 빛을 공유하게 됩니다.

숲속을 걷는 것이 인간 건강에 좋다는 확실한 증거가 있습니다. 일본에서 진행된 연구조사는 휴가기간 동안 2~3일을 숲속에서 보내라고 제안하는데, 이른바 '산림욕'이라고 하는데 인간의 면역 체계를 향상시킨다고 합니다.

이 주장을 뒷받침하는 이론은, 숲속에 몸을 맡기면 식물이 부패와 곤충으로부터 자신을 보호하기 위해 발산하는 화학 물질, 특히 공기로 전염되는 화학 물질에 노출된다는 것입니다. 이 주장이 어느 정도의 힘을 갖고 있건 간에, 나는 숲속에서 나무들 사이를 산책하고 돌아올 때면 언제나 기분이 상쾌하고 행복감에 넘쳤다는 것을 확실히 느꼈습니다. '고요히 있어라. 이 고요한 기도는 각각의 나무를 위한 것이다'라는 어느 인도 신비주의자의 이 말 속에는 아마도 어떤 진실이 있을 겁니다.

어느 3차원의 경험

숲속을 산책하며 느끼는 즐거움의 일부는 당신이 모든 방향에서 자신을 살펴봐야 한다고 요구하는 방식입니다. 그 깊이 속에서 위, 아래, 주변을 깊이 들여다봅니다. 그것이 두려워서가 아니라 그것은 3차원적인 경험이기 때문입니다. 당신 머리 위에 드리워진 덮개는 당신 발아래 있는 땅만큼이나 흥미롭습니다. 오솔길 가까이에 있는 덤불과 양치식물은 나무의 몸통만큼이나 눈길을 끌어당깁니다. 대성당의 기둥처럼 곧게 뻗은 목재로 된

세움대는 동굴 같은 공간을 만드는 데 무척 흥미로운 광경입니다. 어둡고 신비로운 공간이죠.

산책을 하다 보면 덤불, 나뭇가지, 나무의 몸통 사이나 그 안을 들여다보지 않을 수가 없습니다. 덤불과 나뭇가지 틈으로 빛이 들어가고 그림자가 드리워진 모습을 음미하게 됩니다.

마치 신성한 땅으로 위험을 무릅쓰고 모험을 하러 가는 것처럼, 나무와 숲 사이를 천천히 본능적으로 걷습니다. 받아들일 것이 너무나 많습니다. 아주 예민해진 감각들이 사방에서 달려듭니다. 양질토와 썩은 나뭇잎의 냄새를 맡고, 비둘기가 하늘로 날아오르며 소란스럽게 달그닥거리는 소리, 부러진 잔가지들이 마치 깜짝 놀란 생명체처럼 탁탁거리는 소리를 듣습니다. 그 잔가지는 얼룩거리는 빛 속으로 나타났다가 빽빽한 덤불 속으로 사라집니다.

잠시 멈출 만한 장소를 찾으세요. 그 장소와 친해져야 합니다. 나무 몸통의 질감, 너도밤나무의 부드러운 겉면, 삼나무의 거칠고 구멍이 뚫린 스펀지 같은 껍질을 느껴 보세요. 깊게 호흡하며 숲의 땅바닥에서 피어오르는 부식토의 냄새를 들이마십니다. 가능하다면, 앉을 만한 장소를 찾아보세요. 쓰러진 통나무도

좋지만, 만약 공원 안의 숲길을 산책하는 중이라면 운 좋게도 의자를 발견하게 될 수도 있겠죠. 마음챙김 호흡법을 연습하기에 더할 나위 없이 좋은 장소일 겁니다.

서두르지 말고 천천히 하세요. 머릿속으로 산만하고 문제가 될 만한 생각이 떠오르면 그 생각들을 인식하고 인정하세요. 그리고 떠나보냅니다. 천천히 숨을 들이마시면서 공기에 집중합니다. 폐를 활짝 열고 애쓰지 말고 자연스럽게 숨을 내쉽니다. 나무들 사이에 앉아서 호흡하는 육체로서의 자신을 의식하세요.

바라보고 배우기

고요함을 알아챕니다. 그리고 침묵을 자아내는 모든 숲의 소리에 주의를 기울입니다. 나무 꼭대기에서 부는 바람, 서로 부딪치는 나뭇가지들, 곤충을 찾고 있는 새의 지저귐. 당신의 영혼이 고요히 가라앉으면, 주변을 둘러보기 시작합니다. 무슨 나무인지 한 그루씩 확인합니다. 이름을 배우는 것이 그 나무에 주의를 기울이는 방법이라는 걸 기억하세요. 이건 참나무, 저건 물푸레나무, 저건 소나무, 저 포플러나무는 정말 곧게 잘 자랐는걸. 물론 당신이 어느 곳에 있는지에 따라 많이 다르겠지요. 그러나 숲속을 더 많이 걸을수록, 더 다양한 나무를 보게 되고 알아차리게 됩니다. 어느 날 당신이 숲속으로 걸어 들어갈 때, 모든 것이 너무나 새로워서 전율을 느끼게 될지도 모릅니다. 외국을 여행하는 도중 숲을 산책할 때 그곳의 나무들 덕분에 완전히 새로운 수목 체험을 하게 될 수도 있습니다.

오직 멈추어서 진심으로 바라볼 때만 당신은 전혀 기대하지 못했던 색깔을 볼 수 있게 됩니다. 우리는 흔히 나무의 몸통이 회색이거나 갈색이라고 지레짐작합니다. 완전히 멈추어 서세요. 더 가까이 다가가세요. 그러면 우리가 생각했던 것보다 훨씬 더 풍부한 색깔이 담겨 있다는 걸 발견하게 됩니다. 소나무는 황갈색을, 물푸레나무는 푸른빛을, 자작나무는 흰색을, 죽은 나무는 보랏빛이 섞인 갈색을 띠고 있다는 걸 알게 됩니다. 이끼는 불에 그을린 듯한 주황색, 노란색, 푸른색, 회색의 얼룩을 띠고 있습니다. 유칼립투스나무의 몸통 위에 있는 모양과 색깔이 현대 예술 작품만큼이나 추상적일 수도 있습니다. 나무 몸통 위에 핀 이끼의 강렬한 녹색을 비추는 햇살이 순간적으로 감탄을 자아내게 합니다.

순례길을
걷는 사람들

걸으러 나갈 때 목적이 있어야 할까요? 어떤 의미에서 대답은 '아니요'여야 합니다. 왜냐하면 걸을 때는 과거나 미래에 관한 근심거리들을 떠나보내고 오직 걷는 것만이 목적이어야 하니까요. 걸으면서 한결같은 리듬을 통해 긴장을 풀고, 의식적으로 호흡을 하면서 현재의 순간을 더 의식하게 됩니다.

그러나 걸을 때 어떤 목적이나 의도를 갖는 것이 도움이 될 때가 있습니다. 순례가 그런 목적이 될 수 있죠. 전통적으로 순례를 하는 방식은 기도, 숭배, 치유, 희망과 관련이 있었습니다. 메카순례Hajj를 위해 메카Mecca로 가는 이슬람교도들은 '신이시여, 여기 제가 왔습니다'라고 속삭일 겁니다. 산티아고 데 콤포스텔라로 향하는 중세 카미노Camino 순례길을 떠도는 기독교인들은 사도 성 제임스에게 중재를 요구하는 기도를 하는지도 모릅니다.

갠지스 강가를 따라 걷는 힌두교도들은 그들의 신을 숭배하는 행위로 자신의 여정을 바치고 있습니다. 걷는 행위는 온몸을 기도에 참여시킬 수 있는 아주 만족스런 방법입니다.

그러나 순례길을 걷는 모든 사람들이 신을 믿는 건 아닙니다.

마음챙김의 걷기를 행하는 사람들 중 많은 이들이 특정 종교에 대한 믿음을 갖고 있지 않습니다. 붓다는 자신의 길의 일부분으로 마음챙김을 가르쳤는데, 붓다 스스로 무신론자였다는 것이 논쟁거리가 되기도 했습니다. 붓다는 그가 살았던 시대의 수많은 신들을 필요 없다며 생략하면서, 삶의 본질을 이해하기 위한 영적 길을 제공했습니다.

나만의 순례를 만들기

당신은 많은 사람들이 좋아하는 경관을 보러 순례를 떠날 수도 있고, 뉴잉글랜드 작가인 헨리 데이비드 소로(Henry David Thoreau, 1817~1862)처럼 좋아하는 나무를 보러 떠날 수도 있습니다.《월든 Walden》에서 소로는 너도밤나무와의 약속을 지키기 위해 어느 겨울날 눈보라를 뚫고 10마일을 걸어갔다고 기록하고 있습니다.

나의 경우에는 날씨가 어떻건 상관하지 않고 짧은 오르막길을 걸어 바다를 볼 수 있는 곳까지 걸어가곤 했습니다. 그곳에 잠시 동안 서서 호흡을 가다듬으며 단지 그곳에 있다는 사실을 즐겼습니다. 나무, 문기둥, 경관, 그 모든 것이 걷는 목적이 되었고, 기쁨과 만족감을 주었습니다. 각자 자신만의 방식으로 순례를 하는 겁니다.

종교적인 것과 그렇지 않은 것 사이에 너무 무겁게 선을 긋지 않아야 합니다. 기본적으로 우리 모두는 인간이라는 존재이며 수많은 종교적 문화를 상속받았습니다. 각 종교의 문화는 삶을 이해하고 살아가기 위한 자신만의 수행과 방법을 우리에게 제공했습니다. 어떤 믿음과 신념 체계를 가졌느냐에 관계없이, 전통적인 순례길을 걷는 것은 모든 사람들에게 유용하며 즐거움을 줍니다. 어떤 성인에게서 피난처를 구하건, 산 혹은 성스런 우물에서 피난처를 구하건 상관없습니다.

걸으면서 우리는 전 세계의 모든 위대한 종교가 현명하게 발전시켜 온 영적 행위를 즐기게 됩니다.

순례길 걷기

요즘에는 육체의 즐거움과 정신적 즐거움을 결합한 순례길 걷기에 대한 관심이 유행하고 있습니다. 그래서 이 도보 여행은 위대한 전통적인 순례의 중심지를 향할 뿐 아니라, 지방 교회로 가는 작은 길들을 따라 새롭게 순례길을 만들었습니다.

이 도보 여행은 걷는 것에 대해 진중한 태도를 지니고, 조용한 장소에 앉아서 여행의 끝에 대해 생각하도록 장려하고 있습니다. 개인적으로 자신만의 순례길을 만들 수도 있습니다. 집 근처에 둥그렇게 돌아가는 길을 만들어도 됩니다.

영국 도시 캔터베리로 여행을 떠난 중세의 순례자들에게는, 1170년에 교회에서 살해당한 순교자 성 토마스 베케트의 무덤이 목적지였습니다. 여행의 정점은 무덤을 만지거나 입을 맞추는 것, 말하자면 무언가 성스러운 것에 가까이 가는 것이었습니다. 요즘에는 성스러운 것에 대해 좀 더 폭넓은 시각을 갖고 있지만, 종교 신자들이 특별히 성스러운 장소를 중시하는 것을 부정하거나 무시하지 않습니다. 새로운 눈으로 자연 세계를 보기 위해 시선을 옮깁니다. 자연은 그 자체로 신성하기 때문입니다.

야생의 신성불가침

우리는 자연의 영적 가치를, 야생의 신성을, 우리가 숭배하고 보호해야 할 장소들을 자각하게 되었습니다. 어떤 풍광 속을 걷게 되건, 우리는 사물이 물질적이라는 것에 주목합니다. 왜냐하면 물질적 사물은 또한 영적 차원을 갖고 있으니까요.

이것은 숭배심으로 성인의 무덤을 만지는 순례자처럼, 우리가 스쳐 지나가는 세계를, 그 견고함과 존재감의 진가를 인정하며 만지라고 우리를 격려합니다. 우리는 돌담을 넘어 들판으로 가는 층계참을 오릅니다. 빠르게 기어오르는 대신, 맨 꼭대기의 돌 위에 한 손을 얹고 그 질감을, 날카로운 점판암 또는 거친 화강암을 느껴 봅니다. 따뜻한지 차가운지 잠시 그 온도를 느껴 봅니다. 우리는 나무에 감탄하며 그 줄기를 느끼고, 나무껍질을 쓰다듬고 툭툭 칩니다. 우리와는 다른, 살아 있는 생명체의 존재를 인정하는 것입니다. 이끼 덩어리 위에 손을 대고 쓰다듬으며 오늘 아침의 비로 흠뻑 젖어 있다는 걸 발견합니다. 이것이 손으로 접촉하는 것을 통한 마음챙김입니다.

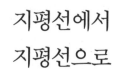

지평선에서
지평선으로

아주 긴 거리를 걷는 것에 대해 생각해 본 적이 있습니까? 당신을 수평선 너머의 길로 데려가며 당신의 인생이 될 그런 산책을 상상한 적이 있나요? 아마도 우리들 중 많은 사람들이 어느 날 작은 배낭을 메고 편안한 신발을 신고서 모험으로 가득한 그런 하이킹을 떠나는 걸 꿈꾸었을 겁니다. 매일 하는 산책을 길게, 오래할 수도 있습니다. 찰스 다윈이 그의 드넓은 정원 주변에 '모래산책로sandwalk'를 만들어 걸은 것이나, 우리가 공원을 가로지르고 시골길을 따라 걷거나, 지방의 삼림지대를 걸어서 해질 무렵에 집에 도착하는 그런 산책은 잠깐 동네를 한 바퀴 걷는 것보다는 긴 거리를 걷는 셈이지요. 그렇게 이미 익숙해진 길은 마음챙김을 연습하고 정신적, 신체적 건강을 증진시킬 수 있는 좋은 기회를 제공합니다. 그러나 긴 거리를 걷는 것은 무언가 다릅니다.

잠정적인 미래의 계획을 꿈꾸는 동안, 이런 꿈을 실현한 사람들의 일기를 읽으면서 그런 하이킹에 대한 대리만족을 즐길 수 있습니다. 로빈 데이비슨은 그녀의 저서인《발자취*Tracks*》에서 그런 여행에 대한 기록을 남겼습니다. 그녀는 개 한 마리와 세 마리의 낙타와 함께 호주의 레드 센터(Red Centre, 호주의 내륙부 - 역자)에 있는 앨리스 스프링스(호주 노던주에 있는 도시로 동서로 뻗어 있는 맥도널 산맥의 골짜기에 있다 - 역자)에서 출발해서 깁슨 사막(Gibson Desert, 호주 서부 웨스턴오스트레일리아 주 중동부의 사막 - 역자)을 거쳐 인도양까지 2,000마일이 넘는 거리를 걸었습니다. 넘치는 자신감으로 우쭐한 느낌, 자신이 매우 미미한 존재이고 완전히 혼자라는 느낌, 이것은 메마르고 텅 빈 사막과 관목의 풍광을 탐험하는 것이라기보다 내면으로의 여행이 됩니다. 나는 패트릭 리 퍼머(Patrick Leigh Fermor, 1915~2011)가 쓴《숲과 강 사이로*Between the Woods and the Water*》라는 저서도 매우 좋아합니다. 그는 이 책에서 런던에서 콘스탄티노플까지 1930년대의 유럽을 관통하는 장거리 트래킹에 대해 말하고 있습니다. 그레이트 헝가

리언 플랜Great Hungarian Plain에 대해 그가 묘사한 내용은 아직도 나의 뇌리에 남아 있습니다.

지평선에서 지평선으로

1868년에 미국 대륙을 동쪽에서부터 서쪽까지 가로지르며 경외감을 불러일으키는 도보 여행을 했던 스티븐 파워스는 이 도보 여행에 대한 생생한 설명을 담은 《걸어서 홀로*Affot and Alone*》라는 저서를 출간했는데 최근에 이 책을 읽고 깜짝 놀랐습니다. 그는 이 책에 '화남노선Southern Route을 따라 바다에서 바다로'라는 부제를 달았고, 그가 이런 여행을 하는 건 자신이 야생 세계로의 모험을 사랑한 덕분이라고 했습니다. 뿐만 아니라 그는 몇 달이고 상관하지 않고 떠도는 것은 '보행자만이 맘껏 즐길 수 있는 기쁨'이라고 주장했습니다.

평소에 몽유병자처럼 살면서, 일상의 습관적인 패턴과 틀에 박힌 일에 무감각해지고 질문도 던지지 않게 되는 건 쉽습니다. 그러나 새로운 세계로 이끌려 지평선에서 지평선으로, 몇 날 며칠 장거리 도보 여행을 할 때 몽유병 환자처럼 의식없이 걷는 건 쉽지 않습니다. 자연 서식지를 옮겨 가며 걷다 보면 지역에 따라 야생생물들이 바뀌는 걸 볼 수 있습니다. 또한 시골에서 도시로, 전원지대로 이동하다 보면 특정 장소에 고유한 역사적 사건과 친숙해지며 사람들이 사는 모습도 변한다는 걸 알게 됩니다. 물론 걷는 사람의 내면에도 변화가 일어납니다. 로빈 데이비슨은 호주를 가로지르는 긴 트랙을 걸으며 자신을 내내 괴롭혀왔던 삶의 일부분을 정리할 수 있었다고 합니다.

여정에 지쳤으나 인사말을 전하다

스티븐 파워스는 시골 마을을 지나 미국을 가로질러 걸었는데, 그 당시는 남북전쟁으로 미국인들의 삶이 황폐해질 대로 황폐해져 있었고, 양키즈와 남부동맹국을 향한 태도는 혹독하고 노골적이었으며, 셔먼 장군의 그림자가 남부 주를 가로질러 무겁게 드리워져 있었습니다. 토지소유주건 자유민이건, 멕시코이건 아메리카 원주민이건 관계없이 파워스가 사람들을 묘사할 때 사용한 언어는 시대의 편견을 반영하고 있으며, 현대 독자들은 그 편견에 충격을 받을 겁니다. 사회는 이제 막 노예제도에 대한 태도를 재평가하기 시작했었습니다. 파워스는 가난한 백인들이 겪는 빈곤이 엄청나며, 막대한 부를 소유한 사람들이 보잘것없는 재산을 가진 사람보다 자신이 고용한 자유민들을 더 잘 대한다는 것을 발견했습니다. 또한 그는 남부의 토지 소유주들의 집에 들어가서 카펫이 깔려 있지 않은 걸 보고는 당황했습니다. 조사를 해 보니 그곳에서 수많은 군인들이 사망했는데 서둘러서 매장을 하느라 카펫을 관처럼 사용해야 했었습니다. 남북전쟁은 어마어마한 고통을 가져왔던 것입니다.

이런 것이 마음챙김입니다. 우리 자신과 우리 주변에 더 의식적으로 깨어 있고, 우리가 살고 있는 사회와 그 역사에 질문을 던지고, 세계를 여행하면서 우리가 누구인지를 발견하는 것입니다. 파워스는 소나무 숲을 통과하고, 산길을 가로지르고, 거대한 평원과 모든 걸 태워 버릴 듯이 뜨거운 사막을 지나 태양과 함께 서쪽으로 걸어갔습니다. 그는 예리한 눈으로 야생생물을 관찰했는데 서쪽 해안에 도착했을 때, 벌새의 지저귐에 매료되었고, 도토리를 숨기려고 나무에 구멍을 뚫고 있는 캘리포니아 딱따구리에 강한 흥미를 느끼며 관찰했습니다. 마침내, 그는 골든게이트 근처 바다에 손을 담그고 이렇게 말했습니다.

"여정에 몹시 지쳤으나, 태양이 지는 바다까지 일출에게 인사를 한다."

달과 함께,
별과 함께 걷다

해가 지고 황혼이 밀려드는 것을 보며 시골의 풍광이나 도시의
풍경을 함께 나눌 수 있는 저녁 시간은 긴 산책을 하기에 아주
좋은 때입니다. 어두워질 때까지 하늘의 색깔이 변하는 걸 지켜
봅니다. 별이 나타나기 시작합니다. 아마도 하늘에는 달도 떴을
겁니다.

우리가 걸을 때 하늘은, 우리 존재가 무의미하다고, 거대하고
오래된 우주에 직면했을 때 우리가 얼마나 왜소한지, 우리의 짧
은 삶과 무관하다고 느끼게 해 줍니다. 하늘은 또 우리에게 차분
한 경이감을 불러일으킵니다. 모든 것은 우리가 어떻게 생각하
느냐에 달려 있습니다.

13세기에 아시시Assisi의 성 프란시스코는 그의 유명한 〈피조

물의 노래Canticle of the Creatures〉에서 하늘에 대한 편안한 상상을 제시했습니다. 이 노래에서 그는 바람 자매와 어머니 지구를 위해 그의 신 혹은 태양 형제와 바람 형제를 찬양했습니다. 이런 시구詩句도 있습니다. '달 자매와 모든 별들을 통해, 신이시여 찬양 받으소서. 당신은 그들의 사랑스런 빛 속에서 태양을 빛나게 했습니다.' 1979년에 로마 가톨릭 교회에 의해서 아시시의 성 프란시스코가 생태 보호 운동의 수호신으로 선포된 걸 알았다고 놀랄 필요가 없는 것이지요.

그런데 우리가 우주로부터 위안을 얻을 수 있는 것일까요?

지구상의 우리 위치

태양 그 자체만으로도 우리를 왜소하게 느끼도록 만들기에 충분합니다. 지구 크기의 백만 배인 이 불타는 용광로는 40억 년이 넘는 시간 동안 그랬듯이 매 초마다 4백만 톤의 질량을 빛과 열로 바꾸고 있습니다. 이 용광로가 우리가 가장 잘 아는 별입니다. 그것이 설정한 대로, 그 빛은 대기에 의해 진압되고 붉어집니다. 우리는 이 지구상에 있는 생명체 진화의 본질적인 실세 집단인 거대한 핵 에너지 공에 우리가 무엇을 빚지고 있는지 생각해볼 수 있습니다. 태양이 서쪽 수평선 아래로 미끄러져 들어갈 때, 우리는 동쪽을 향하고, 우리 세계의 라일락 그림자가 성층권으로 올라가는 것을 관찰할지도 모릅니다. 별들을 빛나게 해 줄 어둠의 전조입니다.

우리가 일광에서 어둠까지 황혼을 통해 걷는 건, 지구가 지축을 중심으로 돌면서 공간을 통과해 동쪽으로 구를 때 지구상의 우리 위치를 의식하기에 좋은 시간입니다. 달에서 온 소수의 우주 비행사들이 우리를 텅 빈 공허 속에 매달려 있는 푸르고 흰 크리스마스 장식 방울 같은, 태양으로부터 멀리 떨어져 있는 아주 작은 세상에 사는 주민들로 본 것처럼 잠시 동안 그렇게 자신을 상상해 볼 수 있습니다.

모든 것을 별에 빚지고 있습니다

별이 나타납니다. 북반구에 살면서 어느 여름밤에 산책을 하다 보면, 밝은 별들의 여름 삼각형을 보게 됩니다. 백조자리의 알파성, 거문고자리의 직녀성과 독수리자리의 견우성이 그 별들입니다. 하늘이 정말로 맑고 어떤 빛의 공해도 없다면, 남쪽 지평선 아래까지 흐르는 은하수, 수백만 개의 별의 안개이며 모두가 우리 지역의 태양보다 훨씬 큰 태양인 은하수를 또렷하게 볼 수 있습니다. 멈추어서 그 거리를 생각하려면, 그 별들은 우리의 사고력에 도전할 겁니다.

그러나 그것이 우리에게 중요한 별들이 하는 일입니다. 별들은 태양계로부터 상상도 할 수 없이 먼 거리에서 빛나며 우리의 삶과는 동떨어진 것처럼 보이기도 합니다. 그러나 사실 그 별들과 우리의 관계는 매우 친밀하고 가깝습니다. 이 우주가 탄생했던 초기 단계에는 탄소, 질소, 산소, 칼슘, 나트륨, 칼륨, 철 등과 같이 생명체의 진화에 필수적인 원자는 없었습니다. 그때 우주는 대부분 산소와 헬륨으로 구성되어 있었습니다. 식물과 사람들을 만드는 데 필요한 조금 더 복잡한 원자들은 조금 더 단순한 산소와 헬륨에서 만들어져야 했습니다. 그런 핵 연금술이 일어날 수 있는 유일한 장소는 거대한 별들의 한가운데에 있습니다. 그런 별들이 생명이 다해 폭발할 때에 우주는 생명체의 화학 반응과 함께 그 씨가 뿌려졌습니다.

수십억 년 후에 지구를 포함한 행성을 거느린 태양, 태양계가 형성되었습니다. 진화가 시작될 수 있었던 것이죠. 길고 긴 임신 기간을 지나 우리는 탄생했습니다.

손전등을 이용하지 않고 익히 알고 있는 친숙한 길을 따라, 어둠 속을 산책할 때, 우리는 머리 위의 나무들을 의식합니다. 나뭇가지들의 검은 윤곽 사이로 별이 반짝거리는 것을 알 수 있습니다. 숲속에서 부엉이 한 마리가 날아오고, 우리의 후각은 갓 베어낸 건초 냄새를 알아챕니다. 마음을 다해 숨을 들이쉬고 내쉬며, 밤공기를 음미합니다.

　이 모든 것을 우리는 별들에게 빚지고 있습니다. 별들이 없다면 아마도 우리는 여기에 있지 못할 겁니다.

걷기의
창조적인 힘

부지런히 잘 걸을 때 어떤 혜택을 얻을 수 있는지는 너무나도 분명합니다. 다리를 움직이고, 운동을 하게 해서 몸을 튼튼하게 만듭니다. 심장을 강화시키고 온몸으로 피를 돌게 합니다. 깊게 호흡하게 되고 신선한 공기를 받아들이도록 폐를 활짝 열어 줍니다. 마음챙김을 연습하고, 현재 이 순간에서 평화를 찾을 수 있는 아주 효과적인 방법을 제공합니다. 그러나 자주 언급되지 않는 또 다른 이점도 있습니다. 걷는다는 것이 아주 창의적인 연습이 될 수 있다는 점입니다.

걷기의 창조성은 호주 원주민의 신화에 잘 나타나 있습니다. 5천 년 전에 대륙으로 온 첫 이민자들은, 바위 노두로부터 강까지, 소금 늪지에서 메마른 강바닥까지, 마른 흰가시나무 다발이 점처럼 찍힌 지독히 더운 붉은 땅을 통과해 찌르레기와 가시덤불과 창처럼 뾰족한 사막 오크나무를 지나면서 그들의 길을 엮고 꼬아서 베를 짜듯 짜아가며 내륙으로 깊이 걸어 들어갔습니다. 뱀들은 모래 안에 숨어 있고, 깊고 푸른 하늘을 나는 녹색 앵무새 떼는 물웅덩이를 향해 몰려듭니다. 원주민들은 지도를 제작하는 방법으로 노래 속에 그들의 여정을 기록해 두었습니다. 다른 사람들이 길을 따라갈 수 있도록 기이한 광야의 특징들을 일일이 식별해 놓았습니다. 이것이 호주의 노랫길Songline이었는데, 호주 대륙을 가로지르는 눈에 보이지 않는 길이며, 조상들이 처음부터 걸었던 길이었습니다. 원주민들의 기억 속에서는, 이 모든 것들이 꿈의 시대Dreamtime(호주 신화에 나오는 세계 창조 당시의 지복 시대 – 역자)에 일어났으며, 그들의 조상들이 땅을 노래하면서 땅을 창조했다고 믿었습니다. 이런 신화적 사고 방식에 따르면, 노래를 하는 사람, 노래, 길이 모두 하나입니다. 최초의 인류는 처음으로 땅을 보고 그 땅의 지평선을 걸으면서 거기에 있음으로써 땅을 창조했습니다.

철학적 난제

시간의 시험을 견뎌 낸 신화를 깊이 파고들다 보면, 이야기나 이미지 형식의 옷을 입은 진실에 다가가게 됩니다. 꿈의 시대 노랫길은 우리가 걷고 있는 나라와 창조적인 관계에 있다는 걸 암시합니다. 우리가 실제 감각으로 느낄 때는, 우리는 관찰하고 들으면서 우리가 본 것을 창조하게 됩니다. 관찰자를 분리해 낼 수 없습니다. 나이 든 철학자 밤나무가 있었습니다. 이 밤나무는 '나무가 숲속에서 쓰러집니다. 나무가 쓰러지는 이 소리를 들을 사람이 없다면, 이것은 소리가 될 수 있을까요?'라고 묻습니다. 땅에 부딪치며 쓰러지는 나무는 공기 중에 압력파를 만듭니다. 우리 귀가 이것을 잡아채고 뇌가 소리로 인식합니다. 관찰자가 해석하지 않으면 압력파 그 자체는 소리가 아닙니다. 우리가 들음으로써 환경과의 관계를 통해서 소리 감각을 만들어 냅니다.

빛과 색깔도 마찬가지입니다. 관찰자로서 우리의 눈을 통과하는 전자기 스펙트럼의 다양한 파장을 '이해할 때'까지, 봄의 산울타리에 핀 꽃의 색깔도, 일몰시 하늘의 색깔도 없습니다.

색깔은 우리가 이런 사물들을 보는 방식입니다. 우리가 없다면, 색깔이라는 개념은 아무런 의미가 없습니다. 우리가 걷는 길에 대한 우리의 입장, 즉 우리의 관점뿐 아니라, 우리의 눈과 귀에 영향을 주는 에너지를 어떤 방식으로 기록하는지는 우리 존재와 함께 옵니다. 우리는 자신의 방식대로 장면을 이해합니다. 관찰하고 듣는 것은 그 자체로 창조적인 행위입니다. 그러나 우리가 보고 있지 않을 때 세상은 어떨까요? 몇몇 철학자들은 이런 질문에 대해 고심하는 것이 낯설게도 수행을 방해한다고 생각했습니다.

매듭을 푸는 것

조금 더 평범한 차원에서 보면, 마음챙김을 실행하며 걷는 행위는 우리로 하여금 새로운 아이디어를 받아들이게 하면서 머리를 맑게 만들어 줍니다. 많은 작가들이 글이 잘 풀리지 않을 때 산책을 하면 종종 이런 상황에서 벗어날 수 있다는 것을 고백했습니다. 열쇠는 문제를 해결하는 것입니다. 이것은 호흡과 걷는 것에 모든 주의를 집중하면서 현재의 순간에서 평화를 찾기 위해 이용하는 마음챙김 수행과 같은 연습을 요구합니다. 꽉 뭉쳐 있는 근육을 이완하는 것과 같습니다.

글을 쓰다 막히는 경우나 혹은 앞으로 진전할 수 없을 만큼 정신적으로 매듭이 꽉 묶여 있을 때 우리는 놓아 버리는 마음을 스스로에게 허락하면서 잠재의식에 자유를 줄 필요가 있습니다. 때로는 더 이상 문제들과 씨름하지 않을 때 우리가 직면한 문제들에 대한 해결책이 표면으로 떠오르기도 합니다. 매듭은 풀립니다. 걷는 행위가 우리의 창의성과 함께 문제들이 움직이도록 돕고 있습니다.

마음챙김의 자세로 걸을 때마다, 우리는 미묘하게 자신을 바꿀 수 있습니다. 예를 들면 타인에게 더 자비심을 베풀기도 하고, 파괴적인 습관, 생각이나 편견에서 스스로 해방되기도 하고, 오랜 기간 동안 우리에게 밀착해 있던 불안에서 벗어나기도 합니다. 걷는 것은 여가 활동입니다. 그리고 우리는 이 여가 활동이 그저 다음의 사실을 의미한다는 것을 쉽게 잊곤 합니다. 우리는 재창조됩니다.

길에 대한
공공의 권리

우리 모두에게는 야생의 자연이 필요합니다. 야생 상태의 자연 속을 걷는다는 건 인간의 영혼을 위해 좋은 일이며, 기쁨이고 치유가 됩니다. 수많은 시인과 신비주의자들은 인간이 열린 공간에 대해서 품고 있는 열망을 인정했습니다. 뉴잉글랜드 초월주의자 헨리 데이비드 소로는 그의 저서 《월든》에서 '우리에게는 야생이라는 강장제가 필요하다'라고 썼습니다. 빅토리아 시대의 시인 제라드 맨리 홉킨스(Gerard Manley Hopkins, 1844~1889)는 그의 시 〈인버스네이드*Inversnaid*(스코틀랜드의 한 작은 시골마을 - 역자)〉의 마지막 절에서 야생에 대한 그의 사랑을 표현했습니다.

축축하게 젖은 것, 야생의 것이 없다면

그 세상은 어떤 곳일까? 그런 것들을 그대로 두라.

오 그것들을 그대로 두어라, 야생의 것과 젖은 것

잡초와 야생 여전히 오래 살라.

요즘에는 야생 공간이 점점 더 줄어들고 있습니다. 소중히 간직해야 할 야생의 자연이 적어진 거죠. 홉킨스가 1881년에 이 시를 쓴 이후로 세계 인구는 4배나 증가했습니다. 인류는 지구 위에 과잉으로 넘쳐나고, 우리와 다른 종들이 필요로 하는 야생의 자연은 파괴될 위험에 처해 있습니다. 우리의 성공이 결국 우리가 실패한 원인인지도 모릅니다.

야생에서의 산책

대부분의 경우 우리는 사람들이 많이 다녀서 잘 다져진 길이거나 포장도로, 혹은 잘 정돈된 길을 따라 걷습니다. 잡초가 무성하고 자연이 마음대로 펼쳐져 있는, 그렇지만 밟아 다져진 길이 있을 만한 장소를 찾는 것은 도전일 수도 있습니다. 그런 장소는 우리가 진정으로 땅과 접촉한다고 느낄 수 있기 때문에 찾아볼 만한 가치가 있습니다.

문제는 세계 인구가 급격히 증가하면서 점점 더 많은 토지가 개인이나 기업의 소유로 묶여 있다는 것입니다. 우리의 목적과 우리 자신 둘 다를 위해 야생의 자연을 보호하려면 선조들의 경계와 비전, 에너지가 필요합니다. 시골길을 걷다가 예전에는 확 트인 공간이었던 곳에서 철조망이 가로질러 설치된 것을 보거나, '여기는 통행이 금지된 곳입니다. 통행자는 고발 조치할 예정입니다'라는 안내문을 마주할 때, 이런 마주침은 아마도 매우 불쾌하게 느껴질 겁니다. '들어오지 마세요'라는 안내문을 세워야 할 정도로, 재산을 완전히 통제하기를 원하는 인간의 본성 안에 놓인 불행한 중압감은 그 자체가 사회 전체의 통제를 필요로 하는 그런 것입니다.

요즘 세계는 야생을 음미하며 걸을 수 있고, 또 그렇게 할 자유가 법적으로 장려되고 보장되어 있는 훌륭한 국립공원, 산악 지형과 숲이 있는 광대한 지역을 갖추고 있습니다. 이런 탁 트인 공간이 존재한다는 것이 우리에겐 행운입니다. 그런 곳에서는 자연이 그 자체일 수 있으며, 전 세계의 자연 애호가들과 환경보호 운동가들이 이런 장소를 보호하기 위해 에너지를 쏟으며 열중하고 있습니다.

대중들의 무단 침입

미국 저자인 리베카 솔닛(Rebecca Solnit, 1961~)은 그녀의 뛰어난 저서인《걷기의 인문학 Wanderlust: A History of Walking》을 통해 영국 대중들의 무단 침입에 대한 역사를 발견하는 기쁨을 독자와 함께 공유했습니다. 길에 대한 공공의 권리는 종종 무시되었고, 파렴치한 토지 소유주들은 울타리를 쳐서 출입을 막았으며, 사냥터를 지키는 위협적인 태도의 문지기들 앞에서 보행자들은 낙담했습니다. 그러나 몇몇 사람들은 이런 괴롭힘 앞에서 포기하기보다는 폐쇄되고 막힌 길에 도전장을 냈습니다.

솔닛에게 가장 강한 인상을 준 사건은 1930년대 더비셔 피크 디스트릭트에서 일어났던 대중들의 무단 침입이었습니다. 피크 디스트릭트는 잉글랜드 북부에 있는 쉐필드와 맨체스터의 거대한 산업 광역 도시권 사이에 있는 탁 트인 황무지로 쐐기 모양이었습니다. 오염된 도시에 사는 노동자들은 주말에 도시 외곽의 시골로 신선한 공기를 쏘이러 갈 수 있기를 원했습니다. 집 문을 열고 나가면 닿을 정도로 가까웠으며, 그 지역 전체를 관통하는 옛 로마 도로를 포함한 그 지역의 길에 대해 오래된 권리도 갖고 있었습니다. 페닌 산맥의 노두인 킨더 스카우트(더비셔 피크 디스트릭트에 있는 황무지 - 역주)는 특별한 매력을 지녔습니다. 그러나 이 지역은 철조망과 자물쇠로 폐쇄되었고, 사냥터를 지키는 사람들이 출입을 통제했으며 토지 소유주가 이 지역에서 산책하거나 하이킹하는 걸 금지했습니다. 그 지역의 도보 모임이 감옥에 갈 각오를 하고 그 지역으로 무단 침입을 감행한 후에야 비로소 이런 황당한 상황이 역전되었습니다.

길에 대한 오래된 권리를 보호하거나 새로운 권리를 만들기 위해 벌이는 캠페인 전부가 법을 어기는 건 아닙니다. 소수 운동가들은 인간에게는 탁 트인 자연으로 접근할 수 있는 본질적인 권리가 있다고 믿었으며, 많은 사람들이 이 소수의 헌신적이고 열정에 넘치는 헌신을 요구했습니다. 전 세계 많은 국가들 곳곳에 퍼져 있는 장거리 하이킹 길들, 강의 수원에서부터 바다에 이르기까지 강변을 따라 놓인 길들, 산악지대를 지나는 길들, 해안을 따라 난 구불구불한 길들 중 대다수가 질질 끄는 지루한 계획에 따라 토지나 재산 소유주들과의 협상을 거쳐야 했습니다. 이런 길들은 개방되어야 할 필요가 있다는 걸 염두에 두면, 하이킹 모임에 가입하고 길에 대한 공공의 권리에 따라 함께 산책을 할 기회가 생길지도 모릅니다.

당신은
혼자가 아닙니다

자비심이 없는 마음챙김은 진정한 마음챙김이 아닙니다. 그렇게 될 수도 없습니다. 우리가 마음챙김의 태도로 걷기 수행을 할 때도 대부분의 경우처럼 혼자서 걷게 되겠지만, 그렇다고 우리가 세계의 나머지 부분들과 격리되는 것도, 타인이 만든 짐과 고통을 자신에게서 없애는 것도 아닙니다. 사실 마음챙김을 연습하는 건 타인을 향해 자비심의 문을 열어둔 채, 자신에 대해 병적으로 걱정하는 긴장 상태를 완화시키는 것이어야 합니다.

유대교와 기독교의 가르침의 중심에는 다른 사람이 당신을 대하기를 원하는 방식대로 다른 사람을 대하고, 당신 자신처럼 이웃을 사랑하라는 단순한 규칙이 있습니다. 동양 세계의 불교도 매우 비슷한 관점을 가지고 있는데, 모든 다른 의식 있는 존재들이 무지와 고통에서 해방될 때까지, 열반의 궁극적 목표 안에서 개인의 평화는 미루겠다는 보살들의 서언을 예로 들고 있습니다. 두 종교 모두에서, 타인이 중요하고 언제나 타인을 돌봐야 한다는 건 협상의 여지가 없는 규칙입니다.

자애심

불교에는 메타Metta라고 알려진 명상이 있는데, 이는 자애심을 의미하며 마음과 가슴으로 타인을 염두에 두어 생각하는 것입니다. 명상의 목적은 우선 가족에게 사랑과 자비심의 느낌을 확장시키는 것입니다. 가족 개개인의 안녕을 소망하며, 그들이 필요로 하는 것, 그들이 안고 있는 문제, 그들의 고통, 기쁨, 슬픔과 함께 각 개인들을 상상해 봅니다. 그런 후에 친구와 이웃, 우연히 만난 사람, 다른 사람이 대화 도중에 언급한 사람, 노숙자까지 포함시키며 그 범주를 넓혀 갑니다. 결국, 우리는 적에게도, 그리고 우리를 분노하게 만든 사람들, 우리를 쓰러뜨린 사람들 혹은 우리에게 깊은 상처를 준 사람들에게까지 사랑과 자비심을 확대시켜야 합니다. 이것은 많은 것을 요구하는 수행법이며, '불교'와 '기독교'라는 라벨을 떼는 것이 더 나을 정도로 기독교인들의 기도와 비슷합니다.

피난민을 위한 자비심

우리가 직접 알지 못하는 사람들에게까지 자애와 자비의 감정
을 확장시킨다는 건 어려운 일입니다. 그러나 걷는 행위는 피난
민들과 같은 사람들에게 동질감을 느낄 수 있는 기회를 줍니다.
예를 들면, 우리는 이 특별한 아침 산책을 노숙자, 혹은 이 나라
에서 저 나라로, 이 대륙에서 저 대륙으로, 때로는 가난을 피해
이리저리 떠도는 지친 피난민들에게 바치겠다는 의도를 가질
수 있습니다. 느릿느릿 걷는 가족들, 아이들은 오빠나 형, 언니,
누나의 손을 잡고 그들의 유일한 재산인 헝겊 인형이나 장난감
을 움켜쥐고 걷고 있습니다. 옛 동족들은 너무나 지루한 짐에 눌
려 등이 굽었습니다.

　우리는 걷는 내내 가슴과 마음으로 그들을 안아 줍니다. 걷는
것이 육체적 기도 혹은 명상이 되는 셈입니다.

　어쩌면 이 사람들이 이동해야만 하는 정치적 이유에 대해, 궁
지에 몰린 그들의 상황이 옳은지 그른지에 대해, 그들로 하여금
집을 떠나게 만든 것이 경제적 문제인지, 실업인지 혹은 두려움

인지에 대해 우리가 정확하게 알지 못할 수도 있습니다. 그러나 그들은 고통 받고 있으며 우리의 자비심을 구하고 있습니다.

우리들 중 몇몇은 존 스타인벡(John Steinbeck, 1902~1968)의 저서인《분노의 포도 *The Grapes of Wrath*》를 통해서, 이 세상의 어떤 사람들에게는, 그들이 아무런 잘못을 저지르지 않았음에도 불구하고 끔찍한 일들이 닥칠 수 있다는 것을 알게 되었을 겁니다. 이 소설은 오클라호마의 가난한 소작인들과 그들이 겪는 고통에 대한 이야기입니다. 그들은 1930년대 대공황의 먼지와 가뭄을 피해 달아나 미시시피에서 캘리포니아주의 베이커스필드로 가는 이민자들의 길, 루트66 국도에 합류합니다. 그들은 냉담한 토지소유주들, 은행, 재산권을 구입한 기업에 의해 토지와 결별하게 되었습니다. 서쪽 도로는 고장 난 자동차들, 차라리 걷는 것을 선택한 사람들이 버린 낡아빠진 타이어만을 장착한 트럭들로 어수선하게 어지럽혀 있었습니다. 또한 그 길에는 캘리포니아주를 오렌지가 넘쳐흐르고, 풍부한 일자리와 인간의 존엄성을 제공하는 약속된 땅으로 오도하는 광고지가 주는 잘못된 희망의 끈을 잡고 살아가는 사람들로 넘쳐 났습니다. 미 서부로의 이주는 이제 역사의 일부분이 되었습니다. 그러나 만약 우리가 지금 걷는다면, 우리는 느릿느릿 걸음을 옮기는 수백만 명의 난민들과 같은 시간에, 같은 태양 아래에 걷게 됩니다. 우리가 마음과 가슴에 새겨야 할 사실입니다.

이런 걷기 명상이 실질적으로 효과를 거둘 수 있을까요? 그것이 무언가를 할 수는 있을까요? 이런 생각은 그저 배부르고 편안하게 사는 사람들의 동정심에서 나온 방종에 불과한 것 아닐까요? 나는 이런 의심을 일축합니다. 우선, 이것은 우리의 영적 건강에 꼭 필요한 요소이며, 우리는 그들이 누구이건 관계하지 않고 타인에게 자애심의 진실한 감정을 확대하는 걸 배웁니다. 그리고 그렇게 바쳐진 걷기 행위가 어떤 다른 결과를 가져올지 누가 알겠습니까? 난민들과 함께 일하는 훌륭한 자선 단체에 기부를 하게 될지도 모릅니다. 많은 훌륭한 사람들이 행동하듯이, 실질적인 도움이 된다고 결정하고 정치적으로 행동하게 될 수도 있습니다. 미래에 인종차별주의자나 반이민적 발언에 반대하면서 자신이 훨씬 자유롭다고 느낄 수도 있습니다. 걷지 않았더라면 애써 외면하거나 무시한 채 지나쳤을 겁니다. 열린 마음으로 명상을 한 결과가 많은 관점으로 보아도 예측할 수 없는 것일 수 있습니다.

정상을 정복할
필요는 없다

흔히들 산을 정복한다는 말을 합니다. 이 말은 마치 산이 그 자체로 통제할 필요가 있는 적군처럼 느껴지게 합니다. 많은 산악인들은 험준한 바위, 벼랑, 산꼭대기와 까마득한 높이를 극복해야 할 신체적 도전으로 보면서 산을 정복한다고 말합니다. 물론 무언가를 극복하기 위해 신체적인 도전을 해 본다는 건 멋진 일입니다. 오르기 힘든 언덕에 이런 생각으로 접근하는 건 어떤 기질을 가진 사람들에게서는 최고의 것을 이끌어 내기도 합니다. 때로는 기술이나 팀워크를 개발하고, 두려움을 시험하고, 순간적으로 요구되는 집중력을 촉구하기도 합니다. 자신에 대한 이해를 장려하고 자신의 장점과 한계를 인식할 것을 요구하는 위험한 작업이 될 수도 있습니다. 자신을 파악하는 것은 필연적으로 마음챙김과 관련이 있습니다.

그러나 수백만 년에 걸쳐 물질, 바람, 비, 폭풍과 얼음으로 만들어지고 형성된 거대한 부피 덩어리인 산을 정복한다는 생각은 내게는 어딘지 부조리하게 보입니다. 자신의 나약함, 두려움을 정복한다는 것은 가능해 보입니다만, 그러나 산을 정복한다? 나는 마치 개미처럼 작은 등반가 두 명이 알프스산맥 정상에 아주 작은 깃발을 꽂는 만화책을 상상해 봅니다. 산은 조용히 미소를 짓습니다. 그 미소는 마치 어깨를 으쓱하며 '아! 좋아, 항복이야!'라고 말하는 듯합니다.

현재 이 순간 속의 산

정복이라는 단어는, 자연을 정복하고, 세계를 통제하고, 인류의 목적에 따라 세계를 개발하는 것이 인류의 운명이며, 주변의 모든 것이 인간에게 독점적으로 이용되고 개척되어야 한다는 믿음과 인간의 우월성에 대한 철학에서 나왔습니다. 우리가 질문을 던지며 의문을 제기해야 할 철학입니다. 우리가 더 깨어 있을수록, 이 문제는 더 명확해질 겁니다.

'최상위에 도달하는 것'이 가치 있는 목표가 될 때가 있습니다. 성취감에 대한 신체 감각이 엄청나게 보람 있는 일이 될 수 있습니다. 기복이 심한 언덕과 계곡이 뒤섞인 풍광 너머로 저 멀리 지평선을 향해 뒤돌아보거나 눈길을 돌릴 때 그런 거대한 장관이 진정한 희망과 행복이 될 수 있습니다. 때때로 우리는 산 정상을 향해 나아가야만 합니다. 만약 우리가 정상에서 멀어지고 그저 반만 성취하는 것만으로 도전에서 등을 돌린다면 우리 내면의 모든 것이 저항하며 반란을 일으킬 겁니다.

그러나 마음챙김 산책을 하면, 때로는 정상을 무시할 수 있습니다. 왜냐하면 우리의 의도는 현재 이 순간에 산에서 우리 자신을 더 많이 인식하는 것이며, 호흡의 느낌과 언덕 경사면에 있다는 감각을 즐기는 것이기 때문입니다. 야생화와 사초를 지나 지금 이 순간 내딛는 발걸음이 중요합니다. 언덕 꼭대기에서 미래에 대해 어떤 상상을 하며 긴장하지 않아야 합니다.

이런 마음챙김의 인식을 얻기 위해서는, 때로는 정상을 정복하겠다는 야심에 이끌리는 마음을 포기해야 합니다만, 이 야심을 흘려보내는 건 쉽지 않습니다.

지금 이 순간과 풍광에 만족하며, 바위 위에 앉아 있는 자신을 발견할 때까지, '스스로를 가라앉혀야' 합니다.

이 순간으로 충분하다

나는 스코틀랜드 북부 지역에 있는 어느 외따로 떨어져 있는 인상적인 언덕 정상의 기슭에서 이 교훈을 배웠습니다.

수일벤(Suilven, 서덜랜드에 있으며 영국에서 가장 웅장한 산악미를 지닌 곳이다 – 역주)은 엄청나게 많은 고대 토리도니아 조의 사암들이 모여 있는 곳으로, 10억 년 된 빙하로 만들어졌고 심지어는 그보다 더 오래된 편마암 지층 위에 있는 거대한 대성당처럼 서 있습니다. 주변에 있는 황무지는 늪지와 작은 호수들로 얼룩을 이루고 있는데, 붉은 목의 잠수부들이 물속 깊은 곳에서 수영하는 것을 볼 수 있습니다. 잊혀지지 않는 그들의 높은 부르짖음이 야생의 분위기를 사로잡고 있습니다.

난 어느 친구와 함께, 두 개의 정상 사이에 안장처럼 얹혀진 길을 따라 등반을 했습니다. 마지막 오르막길은 아찔했고 우리는 앞으로 네 발로 기어가야 편안할 정도였습니다. 수일벤의 주봉우리는 구름에 가려져 있었고, 매우 위험한 등산로를 통해서만 올라갈 수 있었습니다. 우리가 거기까지 가야만 할까요? 여기서 멈추어도 될까요?

날은 화창했고, 풍광은 이미 엄청났습니다. 구름 사이로 언뜻 언뜻 나타나는 두 마리의 까마귀가 황금 독수리를 습격하는 걸 지켜보고 있었습니다. 난 난생처음 목도리지빠귀를 보았으며, 앞으로 헤치고 나갈 때 야생화의 무더기를 바로 눈앞에서 마주하게 되었습니다. 지금 이 순간으로 충분합니다!

그저 산과 함께

난 에버딘의 낸 쉐퍼드보다 산을 즐기는 것에 대해서 더 멋지게 글을 쓰는 작가를 알지 못합니다. 그녀는 캐언곰스(Cairngorms, 영국 스코틀랜드 하일랜즈에 있는 산맥 – 역주)를 사랑했습니다. '우선, 난 높은 곳에 대한 싸한 느낌을 되찾는 데 정신이 팔렸었다. 난 항상 정상을 향하고 있었다…' 그녀는 《살아 있는 산 *The Living Moubtain*》에 이렇게 썼습니다. 후에, 거대한 화강암 단층에 대해서 더 잘 알게 되었을 때, '종종 내게 목적지가 없을 때, 내가 특별한 어떤 곳으로도 가지 않지만, 그러나 아무런 의도도 없이 그저 어떤 친구와 함께 있기 위해 산을 오를 때, 산은 자신을 가장 완벽하게 내어준다.'고 썼습니다. 낸 쉐퍼드의 이런 태도를 적용한다면 어떤 산을 오르건 우리의 등반은 좋아질 수 있을 겁니다.

침묵의 소리를
들어라

고요함과 침묵은 항상 우리가 생각하곤 하는 그런 것이 아닙니다. 고요함은 혼잡하고 붐비는 사람들 무리에서도 발견될 수 있습니다. 침묵이 그저 소리가 없는 것만을 가리키는 것이 아닐 수도 있습니다. 즐거운 산책은 시끄러운 세상에서 벗어날 수 있는 적절한 기회를, 가족(많이 사랑하지만), 직장, 사무실을 잠시 떠날 수 있는 기회를 제공합니다. 건강한 침묵의 위안을 탐험하게도 하며, 무엇이 정말로 침묵인지, 그 깊이는 어느 정도인지를 헤아리게도 합니다.

영국 빅토리아 시대의 작가 찰스 디킨스는, 현대 산업 사회에서 우리들 중 일부는 일상적으로 견뎌야 하는 엄청난 소음의 수준을 적고 기록한 최초의 사람들 중 한 명이었습니다.

그는 《어려운 시절Hard Times》이라는 저서에서 그가 상상해 냈지만 매우 사실적인 코크타운Coketown 북쪽 도시의 공장에서 나는 스팀 엔진('우울한 광기 상태의' 코끼리)의 끊임없는 엄청난 소음에 대해서 서술했는데, 그의 글은 소음이 삶을 지배하고 변색시키는 방법을 포착하고 있습니다. 오늘날, 도시의 소음 상황은 더 악화되었습니다. 요란하게 부릉거리는 차량들 위로 날아오르는 비행기의 포효하는 소리, 경찰차와 소방차, 앰뷸런스의 위급한 사이렌 소리가 가득합니다. 각 가정에서는 텔레비전과 라디오 소리가, 우리가 행하는 모든 것을 동반하며 어디에나 있는 배경음악 같은 일상의 소음을 완성합니다.

내면의 침묵을 발견하기

우리의 선조들은 우리가 호흡을 당연하게 여기는 방식대로 조용함을 당연하게 여긴 것이 분명합니다. 조상들에게는 걷는 동안, 새소리와 소의 울음소리, 바람소리와 빗소리 등 자연의 소리만을 듣는 것이, 불이 타닥거리며 타오르는 소리와 대화소리만이 조용함을 방해하는 어두컴컴한 집으로 돌아가는 것이 자연스러웠습니다.

그런 날들은 이제 지나갔습니다. 우리는 고요한 침묵의 소리로 우리를 즐겁게 하도록, 우리가 그 침묵을 발견했을 때 그것을 소중히 여기도록 의식적으로 노력을 해야만 합니다.

물론, 모든 침묵이 황금인 건 아닙니다. '그 침묵 안에 발을 디디고' 상황에 맞지 않는 말을 했을 때 우리를 당황하게 만드는 침묵, 짜증나는 결혼 생활에서의 팽팽하게 긴장된 침묵, 사춘기 십대들이 우리에게 던지는 공격적인 침묵, 마음이 상한 친구들의 침묵을 예로 들 수 있습니다. 이 모든 침묵들은 지혜와 공감과 경험을 요구하며, 그들만의 방식대로 유념하여 다루어져야 합니다. 산책을 하러 갈 때 우리가 찾는 침묵의 소리는 완전히 다릅니다. 그것은 내면의 일이며, 단지 우리의 귀를 일상적으로 괴롭히는 소리에서 탈출하는 것이 아닙니다. 우리는 휴식을, 우리의 존재 한가운데에 있는 고요한 중심을 되찾을 기회를 갈구하고 있습니다.

이것을 위해 완전히 소음이 제거되어 있는 그런 장소를 찾을 필요는 없습니다. 우리가 들을 수 있는 모든 것이 머리를 관통하며 서둘러 흐르는 혈액의 감각을 마비시킬 것 같은 소리뿐인 그런 장소를 찾을 필요도 없습니다. 이런 종류의 침묵은 고문입니다. 어떤 전체주의 국가에서는 끔찍하게도 고문으로 이용하기도 했습니다. 우리가 갈구하는 침묵은, 나무에 부는 바람소리, 멀리서 들려오는 개 짖는 소리와 같은 외부의 소리가 고요함에 대한 우리의 감각을 감소시키기보다는 촉구할 때 다가옵니다.

잠시 동안 삶의 시끄러운 소음을 뒤로 한 채, 자신을 재발견하고 다시 자신과 연결되는 것을 유념하며 출발합니다.

그저 걷는다는 것

우리는 천천히 걸으며 걷는다는 단순한 행위 그 자체에서 즐거움을 발견할 필요가 있습니다. 마음챙김은 결코 강요될 수 없는 것입니다. 우리가 어떤 소음과 시끄러운 소리들을 뒤로한 채 떠났는지, 왜 짧은 시간 동안이라도 그것들로부터 멀어지기를 원하는지 우리는 알고 있습니다. 걷는다는 것은 그 자체로 도움이 될 뿐 아니라, 발걸음에 호흡을 맞추면서 쉽고 편안한 리듬 속으로 빠지는 건 좋은 일입니다. 틱낫한 스님이《평화는 모든 발걸음이다 *Peace is Every Step*》라는 저서에 쓴 것처럼, 걷기의 목적은 '도착하기 위해서가 아니라, 그저 걷기 위해서'입니다. 한 걸음은 또 다른 걸음으로 이어집니다.

걷는 동안, 우리는 모든 외부의 소리가 우리 자신과는 무관하게 되도록 합니다. 그 소리들은 우리 존재의 부분이 아닙니다. 시골에서는 이렇게 되기가 쉽습니다. 그리고 우리가 자연 세계로 접근한다면 훨씬 더 나아질 겁니다.

고독은 이런 산책에 도움이 되고, 다른 사람과 대화를 나눌 필요가 없기 때문에 내면의 침묵을 깨닫고 즐길 수 있습니다.

그러나, 도시에 살고 있어서, 즉시 탁 트인 야생의 공간으로 갈 수 없다고 모든 것을 잃게 되지는 않습니다. 도시 환경에도, 공원과 정원에, 강변과 운하, 조용한 차선과 묘지를 관통할 때, 마음챙김의 걷기를 실행하고 내면의 침묵을 발견할 기회는 수도 없이 많습니다. 독립된 생각 속에서 이것들을 탐구합니다.

인생의 갈림길에 선
당신에게

당신은 산책을 하다 길 위에서 분기점에 도착해서 망설입니다. 어느 길로 가야 할까? 아마도 로버트 프로스트(Robert Frost, 1874~1963)의 시 〈가지 않은 길*The Road Not Taken*〉이 생각나는 순간일지도 모르겠습니다. 이 시는 1916년에 씌어졌고 20세기 미국 시 중에서 가장 많이 알려진 작품이 되었습니다.

노란 숲속에 길이 두 갈래로 났습니다. 그리고
나는 사람이 적게 간 길을 택하였다고,

시 속의 화자는 그가 두 길 모두 걸을 수 없었던 것에 대해서 안타깝게 생각한다고 말했습니다. 그리고 만약 자신이 다른 길을 선택했더라면 무슨 일이 있었을까 의아해하면서 깊은 한숨과 함께 뒤돌아보며 생각에 빠집니다. 후회와 망설임이 육절로 씌어진 시 전체를 흐르고, 프로스트는 작가인 에드워드 토머스(Edward Thomas, 1878~1917)와 함께 걸으며 그 친구의 우유부단함을 조용히 파헤치고 있는 중이었을 겁니다.

프로스트의 의도가 무엇이었건 간에, 그가 무거운 생각으로 썼건 가벼운 마음으로 썼건 상관없이, 이 시는 대중들에게 깊은 울림을 가져 왔습니다.

선택의 힘

마음챙김의 걷기에서, 보통은 갈림길이 엄청난 결과를 가져오지는 않습니다. 어느 길이건 괜찮을 겁니다. 그러나 선택에 마주해서 갈라진 길들을 상징적으로 바라봐야만 하는 기회가 될 수 있을 겁니다. 진화를 하면서 자아 인식self-awareness의 정신은 인간 존재의 내면에서 그 모습을 드러냈으며, 이 정신은 우리에게 자유롭게 선택할 수 있는 힘을 선사했습니다. 이 주제에 대해 철학자들은 수세기 동안 논쟁을 벌여 왔으며 최근에는 심리학자들도 여기에 참여하고 있습니다. 우리는 정말로 자유 의지를 갖고 있는가, 아니면 그것은 환각에 지나지 않는 것인가, 우리가 행동으로 옮기기 전에 우리의 모든 행동은 이미 결정되어 있었던 것은 아닐까, 우리의 모든 선택도 예정된 것이 아닐까?

확실히, 우리의 자유는 한정적입니다. 우리는 물리학의 법칙을 부인하겠다는 결정을 내릴 수 없습니다. 우리 행동의 자연스런 특징 대부분은 조상에게서 물려받은 것입니다. 문화적 관습은 사회 환경에 의해 우리의 내면에서 키워졌습니다. 그럼에도 불구하고 이런 한계 내에서, 어느 길을 걸어야 할지 결정할 힘이 우리에게 있다고 믿는 것은 논리적으로 잘못되지 않았습니다. 사소한 선택이 엄청난 결과를 낳을 수도 있습니다.

마음챙김 걷기가 철학적 논쟁, 예를 들면 자유의지의 문제나 우리에게 정말로 선택권이 있는지의 여부에 대한 논쟁에 흥분하며 뛰어드는 걸 겨냥하지 않습니다. 마음챙김 걷기의 목적은 일상의 소란함으로 가득한 마음을 비우는 것이며, 호흡에 집중하며 현재 이 순간에서 삶을 발견하는 것이며, 걸을 때, 한 발자국 한 발자국 그저 그렇게 발걸음을 옮기는 것입니다. 지속적으로 깨어 있고, 지금, 여기, 이 순간을 의식하는 것을 목적으로 합니다. 이 온화한 행위는 내면의 고요한 자아를 신뢰하고, 지나치게 생각하도록 만드는 문제들을 흘려보내는 것과 관련이 있습니다. 어쩌면 직업이나 커리어, 인간관계, 가족, 해결되지 않은 과거의 죄책감 혹은 미래의 위험성과 연관이 있을지도 모릅니다. 산책을 하는 동안, 우리는 이것들을 한켠으로 놓습니다.

이런 마음챙김 걷기가 가져오는 평화로움 안에는 창조적인 잠재력이 있습니다. 때로는 애써 노력하지 않았는데도, 이렇게 걷고 난 후에 중대한 결정을 내리게 된 경험도 있을 겁니다. '그래, 내가 해야 할 일은 바로 이거야'라고 갑자기 생각하고 있는 자신을 발견하게 됩니다. 당신은 생기를 되찾고, 의심과 불확실성에서 벗어나 집으로 돌아옵니다. 새로운 방향을 알게 된 새로운 사람으로 태어납니다. 고군분투하며 노력하지 않고도, 인생이라는 길에 놓인 갈림길에서 옳은 선택을 할 수 있으며, 그 길로 나아갑니다.

인생의 어떤 선택들은, 선택을 하던 그 당시에 사소한 것이었건 중대한 것이었건 관계없이, 예측이나 상상을 넘어 바뀔 수 있습니다. 길 위에 그렇게도 많은 갈림길이 있었기 때문에 어떻게 우리가 지금, 여기, 이 순간에 오게 되었는지를 회상해 볼 가치가 있습니다. 심지어 우리가 태어나기 전에도, 조상들에 의해 결혼에까지 이르렀던 우연한 만남들은 역사의 길을 바꾸었고, 결국 우리를 여기에 있게 했습니다. 우리의 조부모들이 서로 만나지 않았더라면, 우리는 태어나지도 못했을 겁니다. '만약'은 우리의 개인사를 관통하여 그 역할을 수행해 왔고, 그래서 만약 우리가 길 위에 놓인 다양한 갈림길로 인생의 테이프를 재생할 수 있다면, 아마도 각각의 경우마다 전부 다른 인생이 되었을 겁니다. 만약 그때 아프지 않았었더라면… 만약 그 사람을 만나지 않았더라면… 만약 다른 직업을 선택했었다면… 만약 그 제안을 거절하지 않았더라면… 만약 사고가 일어나지 않았더라면, 등등. 길 위의 갈림길은 때로는 마주해야 했고, 때로는 고민해야 했고, 어떤 갈림길은 생각없이 선택되었고, 어떤 갈림길은 우리에게 강요되었습니다. 우리가 깨달은 중요한 점은, 걷고 있는 지금 이 순간이, 마음챙김을 소중히 여기게 되는 현재 이 순간이 유일무이하다는 것입니다. 우리는 지금, 여기, 이 순간에 살아 있습니다. 그리고 이런 기분 좋은 수수께끼에 직면했을 때 유일하게 적절한 대답은 감사의 말이라는 걸 느끼게 될 것입니다.

우연히 마주친
타인과 함께 걷기

틱낫한 스님은 그의 저서 《걷기 명상》에서 "걷기와 말하기를 동시에 하지 않도록 노력하라"고 말했습니다. 물론, 그는 일반적인 산책에 대해서가 아니라, 마음챙김 걷기에 대해 말한 것이었습니다. 그렇지만, 왜 이런 경고를 했는지에 대해 한번쯤 생각할 필요가 있습니다. 왜 걸으면서 말을 하지 말라고 했을까요?

걷기 모임에 가입한 사람, 혹은 언덕에서 마을로 내려오고 있는 시끌벅적한 보행자 무리를 지켜본 사람들은 함께 걸으며 나누는 대화가 그런 모임에서 느낄 수 있는 큰 기쁨이라는 것을 발견합니다. 어떤 사람에게는 수다를 떠는 것이 순전히 사교적인 행위이며, 수다를 떨면서 마음이 가벼워지고 기분이 좋아지기도 합니다. 또 어떤 사람들에게는 앞에서 언급한 무단 침입의 경우처럼, 토론이나 대화가 활동가들이 열망하는 진지한 정치 행위가 될 수도 있습니다.

어느 쪽이건, 두 가지 경우 모두 대화와 아이디어의 세계 속에서 걷게 됩니다. 길 위의 황조롱이를 눈치채지 못하거나, 산사나무 덤불 옆을 지날 때 산들바람이 부는 소리를 듣지 못할 가능성이 높습니다. 그저 가끔씩 자연으로 눈을 돌리는데 그마저도 항상 중단됩니다. 물론, 여러 사람과 함께 걷는 것의 가치를 과소평가해서는 안 됩니다. 그러나 그 가치는 마음챙김 걷기가 겨냥하는 것과는 다릅니다.

마음챙김에 대한 개인적 질문

마음챙김 걷기의 목적은 고요한 명상을 통해서, 호흡에 집중하면서, 의문을 품게 만드는 생각을 떨쳐 버리는 법을 배우며, 자신에 대해서 더 많이 배우는 것입니다. 리듬에 몸을 맡기며 걷는 건 경험의 의식적인 실제가 됩니다. 우리는 현재 이 순간에 조금 더 깨달음을 경험하고, 머리가 상상하는 혼란스러운 세계와 그

것이 얼마나 다른지를 알게 됩니다. 이것이 일상적인 행위의 대부분을 지배할 수 있습니다.

요즘에는 안전상의 이유 때문에 핸드폰을 지니고 다니는 경우가 많은데, 현명한 예방책으로 바람직하다고 생각합니다. 그러나 다른 사람들과 함께 걷는 것이 마음챙김을 연습하는 데 방해가 될 수 있는 것처럼 마찬가지 이유로 걸을 때는 핸드폰을 꺼 놓아야 합니다. 걸려 올 만한 전화나 문자를 기다리는 것도 자기를 발견하는 연습을 지속적으로 방해할 수 있습니다. 직장, 친구 혹은 가족과 언제나 연결 중이어야 할 필요성이 현대 세계에서는 폭군과 같은 것이 되었습니다. 기술이 인간에게 유용한 서비스를 제공하지만, 감독관으로 우리 위에 군림하지 않기 위해서는 우리는 핸드폰을 엄하게 다루어야만 합니다.

우리 주변에 있는 다른 모든 것과는 달리, 다른 사람들은 또다른 세계입니다. 그런데 당신은 자신이 그들을 잘 알고 있다고 느낄지도 모릅니다. 그들의 개인사와 삶의 경험들은 당신의 그것과는 다르고, 그들은 자신들에게만 고유한 다른 관점으로 세상을 바라봅니다. 당신은 그것이 그들에게 어떤 의미인지를 결코 알 수 없으며, 그들이 숨 쉬고 있는 곳에서 삶을 경험할 수도 없습니다. 이 진실을 이해하기 위한 한 가지 방법은 당신이 어떻게 그들의 세계에 적응할지를 곰곰이 생각하는 것입니다.

그들은 당신의 머릿속에 무엇이 있는지 알 수 없습니다. 그들의 세계가 당신에게는 수수께끼인 것처럼 그들에게 당신의 세계는 수수께끼입니다. 이것이 대화를 통해 다른 사람과 소통해야 하는 이유이며, 즐거울지 그렇지 않을지에 관계없이 마음챙김을 위한 개인적인 탐구에 완벽한 방해물이 될 수 있습니다.

짧은 만남

'걷기와 말하기를 동시에 하지 않도록 노력하라'는 조언을 따르기는 하지만, 지나가는 사람들과 무심한 듯 대화할 수 있는 기회마저 놓쳐서는 안 됩니다. 이런 대화가 무언가 특별하고 의외의 것일 수 있기 때문입니다. 이전에 서로 알지 못했던 두 사람이 어떤 역이나 층계참에서 만납니다. 걷는 즐거움에 대해 서로 이야기를 나누고, 온유한 날씨에 대해, 또 비가 올 것 같이 잔뜩 찌푸린 하늘의 구름에 대해 의견을 나눕니다. 서로 휴식 시간을 반가워하며 대화에 빠져듭니다. 그래서 산책하는 도중에 누군가를 만났을 때, 이런 만남에 대해 열린 마음을 가질 만한 가치가 있는 것입니다. 자신이 방금 어떤 것, 아마도 녹색 부전나비일 수도 있는 것을 보았는데 정말 흥미로웠다는 이야기를 할지도 모릅니다.

외따로 떨어져서 사람이 많지 않은 둑이 있는데 그곳에 기막힌 난초가 피어 있더라는 정보를 줄지도 모릅니다. 어쩌면 당신이 그들에게 그들이 앞으로 걸어야 할 길에 대한 어떤 이야기를 해 줄 수도 있습니다. 그런 만남은 유쾌하고 기억에 남을 만한 것이지요. 무엇보다도, 사람들은 우리가 살아가고 있는 풍경, 우리가 의식해야 할 세계의 일부입니다. 나무나 언덕, 나비, 새들이 그렇듯이. 유일하게 다른 것이 있다면, 그들은 내면에 자신만의 세계를 가진 엄청나게 미묘하고 복잡한 생명체로 다른 생명체보다 이해하기가 더 어렵다는 점입니다.

우연히 마주친 누군가와 무심한 듯 편안하게 나누는 대화는 마음챙김 걷기를 도울 수 있습니다. 말을 할 필요도 없이 조용히 침묵을 지키는 것이 어색하지 않은 친한 친구와 걷는 것만큼이나 머리를 식혀 주는 기회가 됩니다.

내면의 소란을
떠나보내기

불교 경전에, 여행 중인 두 명의 승려에 관한 이야기가 있습니다. 그 승려들의 수도원 서약에는 순결에 대한 실천도 포함되어 있었는데, 그 서약을 지키기 위해서는 절대로 여자의 몸에 손을 대면 안 되었습니다.

함께 길을 걸으며, 두 승려는 강을 가로지르며 건넜습니다. 물이 깊지는 않았지만 물살이 매우 빠른 여울이었습니다. 한 여인이 겁에 질린 채 급류를 쳐다보며 곤혹스런 몸짓으로 그 여울가에 서 있었습니다. 여울을 건너려면 도움이 필요했는데 감히 그럴 용기를 내지 못하고 있는 겁니다. 두 승려 중 한 명이 그 여자가 곤경에 처한 것을 알아채고 자비를 느끼며 그녀를 등에 업고 강을 건너게 해 주겠다고 했고, 그 여자는 감사의 인사를 하며 이런 도움을 수락하였습니다. 한 명은 일시적으로 자신이 짊어져야 할 짐인 여자를 업고, 또 한 명은 동료의 이런 행동에 불만을 제기하고 투덜거리며 짜증을 내고 있었습니다. 멀리 있는 둑에 도착하자, 물에 젖지 않고 무사히 강을 건너 온 그 여자는 도움을 준 승려에게 고맙다는 진심어린 인사를 했습니다. 스님들은 계속 여행을 했습니다. 불만에 차 있던 승려는 자신들은 절대로 여자 몸에 손을 대어서는 안 되는데 어떻게 여자를 등에 업을 생각을 했냐며 계속 투덜거렸습니다. 그에게 이런 행동은 너무나도 터무니없는 것이었습니다! 그는 계속 자신들이 지켜야 할 규율에 대해 말하고 그걸 어긴 행동을 비난했습니다. 마침내 동료 승려가 이렇게 말을 할 때까지 말입니다.

"형제여! 난 이미 그 여자를 강둑에 내려놓았다네. 자네는 아직도 그 여자를 업고 있는 건가?"

이 이야기를 마음에 새기면, 우리를 생각과 마음의 늪에 빠트리고, 좋은 하루를 망치며, 마음챙김 걷기를 방해하는 이런 괴로움과 내면의 소란함에 대처할 수 있습니다. 그러나 때로 이렇게 하기가 쉽지 않을 수도 있습니다.

생각을 인정하기

명상을 하거나 마음챙김 걷기를 연습하는 사람들은 언제나 마음을 심란하게 만드는 생각을 다루는 법을 알아야 합니다. 우리는 흔히 그런 상태가 정상이려니 생각합니다. 그래서 마음챙김 호흡을 연습하는 것이 그렇게도 중요합니다. 마음챙김 호흡을 연습하면 다시 현재 이 순간으로 주의를 되돌리고 신체 행위에 집중하게 됩니다. 사물들이 무엇인지, 마음의 일시적인 반짝거림과 불안이 무엇인지에 대한 생각이 스쳐지나갈 때 '아, 생각이 지나가는구나'하고 인식할 수 있도록, 사물들이 여기에, 지금 이 순간에 있다는 것을 우리에게 알려 줍니다. 그들 중 일부는 마치 꿈의 파편인 것처럼 하찮을 수 있습니다. 그것들을 일일이 확인할 필요는 없습니다. 그것들은 우리가 아닙니다. 때로는 우리를 그림자 속으로 빠트리며 마치 구름처럼 왔다가 갑니다.

붓다의 시대부터 계속 반복되어 온 조언은 늘 같습니다. 산만하거나 혼란스런 생각에 맞서 싸우지 말아야 합니다. 그렇게 하면 문제가 될 수 있습니다. 부정적인 관심을 지나치게 받게 됩니다. 문제를 해결하는 방법은 그들에게 여지를 주고, 그들을 인정하는 겁니다. 아! 그 사소한 걱정거리가 다시 왔구나, 이렇게 받아들입니다.

그것을 인정하고 생각과 함께 조용히 떨쳐 버립니다. '나중에, 이 멋진 산책을 마치고 나서 너한테 주의를 기울이도록 하지, 너에게 시간을 내어줄게.' 때로는 이렇게 하면, 지긋지긋하게 달라붙는 걱정거리들이 멀어지고 다시 돌아올 수도 없습니다. 그렇게 할 때, 마음챙김 연습이 걱정거리가 우리를 통제하지 못하도록 해서, 우리가 걱정거리를 더 잘 처리할 수 있게 됩니다.

멈추고 놓아 버리기

더 깊이 자리 잡은 걱정들은 다루기가 더 힘이 듭니다. 어쩌면 특정 인물 때문에 우리의 직장 생활이 망가지고 있는 중인지도 모릅니다. 결혼 생활이 배우자의 배신으로 위험에 처해 있을 수도 있습니다. 아마도 되돌릴 수 없는 어떤 끔찍한 일을 했으며 죄의식과 자기혐오에 사로잡혀 있기도 할 것입니다. 불만과 절망, 두려움과 분노가 모든 것을 망칠 수도 있습니다. 산책을 할 때도, 우리가 가진 문제들에 얽매이고 사로잡혀서, 단단히 팔짱을 끼고, 얼굴은 지친 채 딱딱하게 굳어서, 땅만 주시하느라 우리가 걷고 있는 길 위에 놓인 세계의 아름다움은 안중에도 없기 십상입니다. 우리는 고용주, 동료, 배우자, 부모들과 내면의 대화를 나누느라 중얼거립니다. 자신의 판단대로 대화 내용을 만들어가며, 내 차례가 되었을 때 내가 원했던 것을 말하면서 항상 우위를 차지하려고 애씁니다. 이것들 중에서 생산적인 것은 물론 하나도 없습니다. 문제를 해결하지도 못하고 영적인 평화나 고요함을 주지도 못합니다. 마음챙김 연습은 우리더러 멈추고 떠나보내라고 촉구합니다.

천천히 호흡하고 그 호흡을 관찰하세요. 어깨의 긴장을 풀고 폐를 활짝 엽니다. 하늘과 나무와 구름을 바라봅니다. 지구의 중력이 우리를 땅 위에 잡아 두느라 부드럽게 끌어당길 때 그 압력을 느껴봅니다. 공기의 냄새를 맡아 보고, 산들바람 소리를 듣습니다. 바람이 스쳐 지나가는 걸 피부로 느낍니다. 멀리서 들려오는 소리와 새들의 지저귐이 우리의 존재 속으로 파고들도록 합니다. 아무리 어려울지라도, 우리가 지고 있는 짐을 떠나보내야만 합니다. 언젠가, 우리가 땅으로 돌아갈 때가 되면, 어떤 식으로건 우리는 모든 것을 내려놓아야 합니다. 그러니 지금 당장 시작하고, 이 특별한 순간에 생생하게 존재하는 기쁨을 깨우지 않을 이유가 없는 것입니다.

강가를 따라
천천히 걷는 시간

우리는 물에게서 자연스런 친밀감과 유대감을 느낍니다. 무엇보다 사람의 육체는 반 이상이 물입니다. 그러니 강가나 호숫가를 걸을 때 집에 있는 것처럼 편안하게 느껴지는 것이 놀랄 일도 아닙니다. 집에서 조금만 가면 강이나 호수를 발견할 수 있을 정도로 물은 우리와 함께 있습니다. 우리에게서 편안한 마음을 이끌어 내어, 우리는 저절로 천천히 걷게 됩니다. 이 길들은 자신만의 특별한 분위기를 지니고 있으며, 야생적 생명을 지원하고 있습니다. 강이나 운하에서 배가 지나다닐 수 있는 멋진 길, 혹은 사람들이 많이 다닌 흔적을 간직한 강가의 산책로를 발견할 정도로 운이 좋을 때, 마음챙김 걷기에 새로운 차원이 열립니다.

운하는 시끄럽고 정신없는 도시를 관통해서 산책할 수 있도록 독특한 방법을 제공합니다. 한때, 이 수로水路는 중공업의 고속도로였습니다. 비록 지금은 운하가 처음 만들어졌을 때만큼 상업적으로 활발히 이용되지는 않지만, 시내 중심을 관통하며 조용히 숨겨져 예상치 못하도록 자신들의 길을 이리저리 얽으며 흐르고 있습니다. 도시 운하를 발견하려면, 물 위에 놓인 다리에서부터 관심을 끌지 않도록 야단스럽지 않게 단계를 밟아야 할 필요가 있습니다. 혹은 슈퍼마켓이나 도심 주차장 뒤쪽에 있는 산업 단지 근처의 그다지 매력적으로 보이지 않는 길을 따라 배회하는 것도 좋은 방법입니다. 그러다 갑자기 한적한 운하의 수로를 발견하게 됩니다. 도심의 주요 도로에서는 거의 볼 수 없는 잡초와 꽃들이 그런 길에는 활짝 피어 있습니다. 산업이 여가 생활을 위한 길을 만들었습니다. 화분으로 장식된 다채로운 바지선들은 물 위에 떠 있는 집이기도 하고 휴일에 빌려서 즐길 수도 있습니다. 낚시꾼들은 조용히 앉아 평화로움에 취해 있고, 낚싯대는 물고기가 흔들어 주기를 기다리고 있습니다. 백조들은 운하의 물 위를 조용히, 느릿느릿 게으르게 헤엄치고 있습니다. 물총새가 옆에서 눈을 반짝이며 신호를 보낼지도 모릅니다. 왼쪽으로 향하건 오른쪽으로 향하건, 멋진 산책로가 우리 앞에 놓여 있습니다.

물의 흐름 상태

강은 다양한 역동성을 갖고 있습니다. 강은 흐릅니다. 물이 흐르는 소리와 함께 여러 소리들이 들려옵니다. 갈대숲을 휩쓸며 지날 때, 돌 위를 구르며 흐를 때, 폭포를 향해 빠른 속도로 흐를 때, 각각 물의 소리가 다릅니다.

물은 늘 같은 물이지만, 끊임없이 행동하고, 늘 움직입니다. 강이 흐르는 길은 고정되어 있어서 지도 위에서 확인할 수 있고, 강 한가운데 놓인 폭포의 위치도 알 수 있을 뿐 아니라, 어느 장소에서 구불거리며 경사를 이루는지 따라갈 수 있습니다. 물은 언제나 바다나 호수로 내려가며 변하고, 흐르는 과정에 있습니다. 물은 고정되어 있으면서도, 또한 움직이는 특질을 갖고 있어서, 초기 그리스 철학자 헤라클레이토스는 '당신은 같은 강에 두 번 발을 담글 수는 없습니다. 언제나 신선한 물이 당신에게 흘러 들어가기 때문입니다.' 모든 것은 정적이고 변화가 없는 상태가 아니라, 영구적으로 흐르는 상태라는 것이 헤라클레이토스가 말하려는 것입니다. 세계에 대한 우리의 현대적 의견, 우리의 삶은 역동적이고 진화하는 과정에 있다는 견해를 미리 앞지른 것입니다. 변화는 자연스런 것입니다.

영원을 발견하다

강가를 따라 걸으면 인류를 받아들이도록 도와줍니다. 변화가 우리 경험의 본질적인 부분이라는 진실을 유념하도록 도와줍니다. 삶은 흐름이고, 우리는 언젠가는 죽게 됩니다. 마음챙김 호흡을 연습할 때, 숨을 들이쉬고 내쉬는 것에 집중하면서 우리는 걱정과 불안감, 과거의 짐과 미래에 있을 거라 지레짐작하는 스트레스를 떠나보내는 걸 배웁니다. 삶은 지금 여기에 있습니다. 강을 인식하면서, 물이 졸졸졸 흐르는 움직이는 모습을 지켜보면서, 우리는 평화 속에서 현재의 순간에 대한 영원한 무언가를 발견하게 될지도 모릅니다. 우리도 인생을 통과하며 움직입니다. 매일매일 자라고 늙어갑니다. 그럼에도 불구하고 이런 흐름의 한가운데에서 고요한 지점을 발견하고 기뻐할 수 있습니다.

영국 호수 지방 출신 시인인 윌리엄 워즈워드는 컴버랜드에 있는 개울들의 영원한 흐름에 대한 명상을 기록했습니다. '무엇이었으며, 지금 무엇이며, 앞으로 무엇이 깃들 것인가' 그는 〈더

든강에 바치는 고별의 소네트〉라는 시에서 이렇게 노래했습니다. 더든강은 내가 가장 좋아하는 강 가운데 하나입니다.

나는 어렸을 때 강의 흐름 속에서 수영하는 법을 배웠습니다. 개울물은 언덕에서, 늪지와 바위에서, 고사리와 헤더를 거쳐 강으로 흘러갑니다. 물살이 세어지면서, 마지막 빙하기의 얼음 덩어리들이 만들어 낸, 둥글게 닳은 거대한 바위들 사이를 지나, 더너데일로 흘러들어갑니다. 마지막으로 청회색 자갈밭을 구르듯 흐르며 아일랜드 바다까지 흘러내립니다.

개울은 여전히 미끄러져 흐릅니다. 영원히 흐를 것입니다.
그 형태는 남아 있으나, 기능은 영원히 죽지 않습니다.
젊음의 아침에서 요소들을 거역하는
우리 인간들은 사라져야만 한다. 그렇게 될 것이다!

혼잡한 도시를
걷는다는 것

만약 도시에 살면서, 시골에서 조용한 길을 찾기 위해 도시의 환경을 피하는 것만이 멋진 산책을 즐길 유일한 방법이라고 결정했다면, 그건 실수입니다. 혼잡한 도심을 관통하며 걷는 것은 그것만의 특별한 기쁨이 되며 마음챙김을 실천할 수 있는 풍부한 기회를 제공합니다. 현재 이 순간에서 의식적으로 살아가기 위해, 당신이 누구인지에 더 깨어 있기 위해서입니다. 도시가 시골 풍경과 비교해서 차선책일 수도 없습니다.

인류가 압도적으로 도시 종족이 된 건 사실 최근의 일입니다. 현재 지구 위에 살고 있는 우리들 중에서 50퍼센트 이상이 높은 건물이 가득 들어찬 환경에서 살아가고 있습니다. 사람들은 일자리를 찾아 도시로 이동하고, 도시는 농촌으로까지 확대되고 있습니다.

이렇게 도시가 확장되었을 때 무엇이 좋은 건지, 긍정적인 것인지를 찾아야 합니다. 마음챙김을 실천하며 살아갈 기회를 찾아야 합니다.

무한한 풍요로움

붓다가 '걸을 때는 걷기만 하라'고 조언을 했던 것을 기억하며, 우선 우리가 살고 있는 도시를 발견하기 위해 걷기 시작합니다. 여러분은 매번 걸을 때마다 아마도 깜짝 놀라게 될 겁니다. 우리는 가장 가까운 공원, 강변의 산책로와 묘지가 어디에 있는지 지도를 보면서 정보를 얻습니다. 사람들이 많이 다니지 않은 길이나 도심 한가운데에 있는 주요 도로에서 멀리 떨어진 한적한 산책로, 예전에 가보지 않았던 장소를 지도에서 찾아봅니다. 시골이 아니어서 유감이라는 생각 따위는 떠나보냅니다. 도시에는 동식물이 너무나 풍부해서 우리의 예상을 뛰어넘습니다. 도시의 정원과 공원에는 꽃피는 식물들이 놀랄 정도로 풍부합니다. 우리가 수많은 나라에서 발견하곤 했던 것보다 더 집중적으로 더 많은 식물들이 도심에서 꿀벌과 수많은 종류의 나비를 불러 모으고 있습니다. 묘지는 야생적인 삶이 특별히 풍부하게 남아 있는 장소입니다. 특히 묘지들이 이끼가 뒤덮인 채 얼마나 오래되었는지를 그대로 보여 주며 헝클어진 모습일 때 더 그렇습니다.

묘지에서는 다른 시골의 산책로에서보다 더 많은 종류의 새들을 볼 수 있습니다. 원한다면 핸드폰을 들고 가도 좋습니다. 그러나 꺼 두도록 하세요. 모든 잠재적인 걱정거리들이 가득한 마음은 놓아두고, 긴장을 푼 상태로 혼자 산책을 하는 것이 더 좋을지도 모릅니다. 그리고 도시가 자신에 대해서 이야기하도록 두는 것이 중요합니다. 다른 사람들과의 대화에서 느끼는 즐거움은 다른 때를 위해 남겨 놓아야 합니다.

마음챙김은 북인도의 변화하는 사회에서 수행으로서 2천 5백 년 전에 처음 나타났습니다. 새로운 도시들은 발전하는 철강 산업에 힘입어 성장하고 있었습니다. 마음챙김의 방법은 제사장이 지배하는 카스트제도에 의존하지 않는 영적인 길을 추구하는 새로운 세대의 개인들에게 큰 호소력을 가지고 있었습니다. 그들은 꼬리표도 없이 교리에서 자유롭게 자신들의 길을 찾으려 애쓰고 있습니다. 당신은 당신의 도시를 탐험할 때 비슷한 상황 속에 놓여 있다고 느낄지도 모릅니다.

인류의 소리

혼잡한 도시의 보도를 따라 걸을 때, 마음챙김을 연습하며 그 리듬에 맞추어서 천천히 걷습니다. 아마도 가능한 한 모든 사람들을 무시하면서. 무리를 밀쳐 버리고 싶은 유혹을 느낄 겁니다. 그러나 이제는 부드럽게 흐르는 개울을 밟고 있는 것처럼 사람들이 흐르도록 놓아둡니다. 모든 얼굴들, 모든 인간의 유형들을 인식하세요. 내적으로 그들을 향한 선의의 감정을 표현하고, 그들 각각이 또 다른 세계의 중심에 있다는 걸 스스로에게 상기시킵니다.

공원이나 강가에 놓인 의자에 가면, 멈추어서 도시의 소리에 귀를 기울여 듣습니다. 이제 그 소리들은 조금 더 멀리 있습니다. 그들은 언제나 거기에 우리들과 함께 있지만, 그러나 대부분의 시간에 우리는 그 소리들을 차단하려고 무던히 노력하고 있습니다. 일상의 대화를 방해하는 비행기 소리와 우리 곁을 지나는 교통의 소음을 무시하면서 말입니다. 위험하지만 흥미진진한 창조의 교향곡 일부인 인류의 모든 소리라는 것을 상기하면서, 지금 이 순간에 집중하세요.

유쾌한 저녁시간!

도심에서 산책을 하기에 가장 좋은 시간 중 하나는, 사람들이 퇴근을 한 후 가벼운 마음으로 긴장을 푼 채 식당이나 선술집에서 서로 만나는 그런 저녁 시간입니다. 당신은 수많은 도시의 특징인 강변을 따라 산책을 하며 태양이 지는 방향의 물 색깔이 이 세상의 것이 아닌 것 같은 푸른 보랏빛과 거기에 분홍빛이 섞여서 잔물결 치며 변하는 것을 지켜봅니다. 오염된 도시 공기로 은색 안감이 예상치도 못하게 조금씩 나타나는 건, 하늘이 때로는 도시 위에 모습을 드러내는 방식입니다. 불로 들끓는 태양은 그렇게 빌딩 뒤로 가라앉습니다. 조깅하는 사람들은 건강을 유지하느라 쿵쿵거리며 지나갑니다. 자전거를 탄 사람들은 집으로 돌아가고 있는 보행자들 사이로 자신들의 길을 찾아 앞으로 나아갑니다. 도시의 이방인들 사이로 익명의 익숙한 장막이 잠시라도 걷어질 때, 지나가는 사람들에게 조심스럽게 고개를 끄덕이는 것이 뜻밖에도 '멋진 저녁입니다!'라는 인사가 되기도 합니다.

구름을 뚫고 쏟아지는
따스한 햇살

"우리가 젊었을 때 시간을 알려면 하늘을 쳐다보곤 했지."

이런 경험을 말할 수 있는 사람들이 지금도 여전히 생존해 있습니다. 밤하늘에 떠 있는 별의 위치, 낮에 그림자를 드리우는 태양의 위치로 충분히 시간을 알 수 있었습니다. 도시 생활, 디지털시계, 각종 시계가 인간의 이런 자연적인 능력을 둔화시켰습니다. 우리는 이제 직장, 기차, 뉴스시청을 위해 정확한 시간의 개념에 묶이게 되었습니다. 어느덧 태양을 보며 시간을 가늠하는 법을 잊어버렸습니다.

구름과 비가 잦은 온대 기후에 사는 사람들은 갑자기 햇살이 비추면 깜짝 놀라고 즐거움에 들떠서 어떤 식으로든 이 기쁨을 표현하려고 합니다. 우리에게 날씨의 일시적인 상태는 일반적이고, 오후 산책을 하는 도중에 날씨가 변하는 것에도 익숙합니다.

태양이 구름을 뚫고 나와서 우리의 등 위로 따뜻하게 내리쪼이면, 축복과 선물처럼 느끼며, 즉시 감사하게 됩니다.

불타는 플라스마 용광로

우리는 생각을 더 진전시키기 위한, 직경이 거의 160만 킬로미터에 이르는 불타는 플라스마의 핵 용광로인 태양 그 자체를 생각할 만한 시간도, 그럴 경향도 없습니다. 태양이 없다면, 우리는 여기에 있지 못할 겁니다. 생명체가 지구 위에서 진화를 할 수도 없었을 것이며, 햇살에 감사함을 느끼는 관찰자도 당연히 없을 겁니다. 과거에 사람들이 태양의 숭배자가 되려는 경향을 지녔다는 건 놀랄 만한 일도 아닙니다. 유대인, 기독교인, 무슬림들의 일신론은 3천 년을 거쳐 유일신, 태양신 아톤Aton 혹은 라Ra에 대한 이집트 사람들의 믿음까지 거슬러 올라갑니다. 그리고 이집트의 그리스 천문학자들은 현대 과학이 태양을 측정하기 오래 전에, 태양이 지구와 비교해서 그 크기가 어마어마하다는 것을 이미 알고 있었습니다.

지구보다 훨씬 더 나이를 먹은 태양은 수십억 년 동안 우리의 행성인 지구의 동반자로 지속적이고 신뢰할 수 있는 관계를 유지해 왔습니다. 또한 태양은 우리를 둘러싼 풍부한 생태계, 우리가 그 일부인 생태계가 성장하고 번성하는 데 필요한 창조적인 에너지를 만들어냅니다. 태양은 지구상에서 의식을 출현시키는 산파였습니다.

일출과 일몰

태양을 조금 더 알고 그 진가를 인정하는 방법은, 우리의 먼 조상들이 계절에 따라 그랬듯이, 태양이 떠오르고 지는 지평선을 알아차리고 마음속으로 표시를 하기 위해 의식적으로 노력을 하는 것입니다. 일 년 내내 정기적으로 걷게 되는 시골의 산책로는 이렇게 태양을 의식하기에 매우 이상적인 장소입니다. 한겨울이 다가올 때, 태양의 경로를 추적합니다. 그리고 멀리 있는 나무, 건물, 가시덤불 혹은 언덕 등으로 태양이 지는 위치에 주목합니다. 여명의 합창에 동참하며 떠오르는 태양을 관찰하는 것이 어쩌면 더 좋을 수도 있겠지요. 하늘을 가로지르는 태양의 움직임에서 규칙성을 끌어내고, 시간의 흐름과 신뢰할 수 있는 존재감을 매년 인식하기 위해 수천 년 전에는 거대한 돌기둥이나 돌로 원을 세웠지만 이제는 그럴 필요가 없습니다.

때로는, 일몰시, 태양이 안개와 구름을 통과해 수평선 아래로 가라앉으면서 깊고 붉은 공이 되어 사람이 맨눈으로 쳐다볼 수가 있을 정도가 됩니다(그래도 맨 눈으로 태양을 쳐다보는 건 항상 주의해야 합니다). 그럴 때 태양의 표면에 있는 어두운 폭풍인 흑점을 볼 수 있을지도 모르는데, 맨눈으로도 볼 수 있는 외관상으로는 아주 작은 이 점은 실제로는 우리가 살고 있는 지구보다도 훨씬 더 큽니다.

감사의 표시

태양이 등을 따뜻하게 해줄 때 우리는 태양에 고마운 마음을 갖게 됩니다. 태양은 어디에서 왔으며, 무엇을 혹은 누구를 향하고 있을까요? 행운? 운명? 신? 태양 그 자체일까요?

20세기 고고학자이자 신비주의자인 테야르 드 샤르댕(Teilhard de Chardin, 1881~1955)은《전쟁기의 글 *Writings in Time of War*》이라는 저서에 수록된 수필 〈세계의 영혼〉에서 이렇게 말했습니다. '우리 자신보다 훨씬 거대하고 더 필수불가결한 어떤 것을 우리 안에 지니고 다닌다는 사실을 의심할 수 없습니다. 그것은 우리가 존재하기 전부터 존재해 왔으며 우리 인류가 없어도 계속 존재할 수 있을 것입니다. 우리는 그 속에 살고 있고, 그것을 고갈시킬 수 없습니다. 우리에게 봉사하지만, 그렇다고 우리가 그것의 주인은 아닙니다······.' 내가 생각하기에는, 우리가 그것에 이름을 지어 주건 그렇지 않건 관계없이 우리가 감사의 인사를 해야 하는 이 어떤 것에 바치는 글입니다.

붓다의 중요한 가르침 중 하나는 삶은 영원하지 않다는 것입니다. 《성공회 기도서Book of Common Prayer》에 언급되는 '이 일시적인 삶'이라는 구절과 맞닿아 있습니다. 산책을 할 때 등에 따스한 햇살이 쏟아지면, 우리는 거기에 대한 응답으로 이 순간의 선물에 대해 감사의 인사를 합니다. 그 불꽃 안에 머물고 불길을 거세게 일으키기 위한 멋진 상태가 감사의 표시이며, 우리는 그 표시를 잘 알아채며 살아가고 있습니다.

비오는 날
산책하기

'비, 비가 내려요, 제발 가세요! 다른 날에 오면 안 될까요?'

우울한 회색 비가 유리 창문으로 흘러내리며 축구 경기에 대한 꿈을 망치자 기분이 우울해진 아이는 창가에 앉아 이렇게 노래합니다. 피크닉을 가려고 준비 중인 가족은 걱정스럽게 하늘을 쳐다봅니다. 야외 행사를 계획하는 사람은 화창한 날씨를 선사해달라고 신에게 기도하며 일기예보를 확인하고 또 확인합니다. 비는 꾸준히 규칙적으로 내리지만, 날씨가 변덕스러워서 예측하기 어려운 곳에 사는 우리들에게는 비를 흥을 깨는 짜증스런 것으로 생각하는 버릇이 있습니다. 그렇게 생각하는 것은 어떻게 보면 자연스러운 일이기도 합니다. 그러나 규칙적으로 산책을 하는 습관을 지닌 사람에게는 다른 태도를 가질 수 있는 기회가 얼마든지 있습니다. 비를 즐기는 법을 배우면 세상에 대한 감정이 깊어집니다.

물론 말할 것도 없이 준비를 잘하는 것이 제일 중요합니다. 옷차림을 세심하게 확인하고 하이킹이 길어질 경우에는 비를 막을 만한 비옷이나 우산 등을 가져갑니다. 따뜻한 물로 즉시 샤워를 할 수 있다면 모를까 그렇지 않다면 피부가 비에 젖는 건 곤란합니다. 몸이 젖어서 추위에 떨고 있을 때는 마음챙김조차 유지하기가 어렵습니다. 마음챙김의 목적은 우리가 누구인지를 더욱 더 명확하게 바라보고, 우리의 환경을 이해하고, 조금 더 의식적으로 살아가며 우리에게 전해져 온 무지의 안개를 없애는 것입니다. 비를 사랑하게 되면 인생의 경험이 풍부해집니다.

골디락스 지구

비는 우리 인생에서 가장 가치가 있는 것 중 하나입니다. 억만장자나 대부호의 부를 능가하는 가치입니다. 우리는 물이 있는 지구에서 살고 있습니다. 물이 없었더라면 우리는 애초에 여기 있을 수도 없었습니다. 생명체의 진화와 물의 존재는 불가분의 관계에 있습니다. 그래서 과학자들이 화성에서 물을 발견할 가능성에 대해서 그렇게도 흥분하는 것입니다. 행성 지구는 거대한 대양, 만년설, 콸콸 흐르는 강과 민물의 호수, 표류하는 구름과 떨어져 내리는 비가 있어서 생명체가 성장하고 번창하기에 이상적인 환경을 갖고 있습니다.

의식을 가진 인간 존재가, 길고 긴 유전자의 역사를 거쳐 출현하여 직립하고 의구심을 갖고 자신의 주변을 살펴보기에 매우 적합한 장소입니다.

여기에 과거의 신학자들이 발굴해 낸 순환 논쟁이 묻혀 있기도 합니다. 어떤 사람들이 신성한 창조자의 존재를 증명하기 위해 잘못 말하곤 했었던 것입니다. 그들은 인류가 살고 있는 이 물이 있는 세계가 인류가 번성하기에 너무나도 적합한 곳이기 때문에 분명히 신에 의해 의도적으로 그렇게 설계된 것이라고 주장했습니다. 여기에 물이 얼면, 연못바닥에 혹독한 겨울을 이겨낼 수 있는 초기 생명체를 남기면서 얼음이 팽창하고 떠오른다는 이상한 사실을 덧붙였습니다. 오늘날 '골디락스 행성', 즉 모든 것이 생명체가 진화하기에 '딱 적합하여' 너무 덥지도, 너무 춥지도, 너무 습하거나 건조하지도 않은 환경을 가진 행성을 언급하려는 종교적 관점을 가진 관찰자들은 더 적어졌습니다.

환경에 대해 이목을 끄는 이런 '섬세한 조정'에서 어떤 종교적
결론도 이끌어내지 않습니다.

비를 즐기다

옷을 제대로 갖춰 입고, 모든 생명체를 위한 비의 가치를 유념하
면 야외에서 산책을 하다 갑자기 소나기를 만나도 투덜거리며
불평을 하기보다는 자연스럽게 그것을 즐기게 됩니다. 심지어
젖지 않도록 철저히 무장한 당신의 방어벽을 뚫고 몇 방울의 빗
물이 목 아래로 흘러내려 차가운 물기가 비옷 아래에서 느껴져
도 당신은 그것을 현실과 즐겁게 조우하는 걸로 받아들일 수 있
습니다.

　바위에 앉아 치즈와 토마토가 들어간 샌드위치를 먹으며, 어
깨 위로 후두둑 떨어지는 빗방울을 느끼며, 당신은 이 산책을 망
쳐 버리지 않았다는 걸 상기하고 미소 짓게 됩니다. 우리가 호
흡하는 공기가 우리에게 중요하듯이, 생명체를 지탱하는 물 순
환의 일부로서 비를 받아들일 줄 알게 되면, 다양한 종류의 비
를 즐길 수 있게 됩니다. 얼굴을 적시는 부드러운 안개비나, 소
리 없이 내리는 촉촉한 빗줄기와, 온몸을 흠뻑 적시며 살을 파고

드는 날카로운 바람처럼 몰아치는 폭우를 구별하기 시작합니다. 나무들이 젖은 바람에 떨 때, 가지에 매달려 흔들리는 커다란 물방울을 알아채거나, 비가 내린다고 생각했는데 알고 보니 해안 절벽이나 산협곡에서 뿜어져 나오는 물보라였다는 걸 발견하기도 합니다. 비는 태양보다도 더 오래되었습니다. 수평선을 가리며, 눈앞의 풍광을 가로질러 표류하고 드리워지는 이 아름다운 장막은, 얼음, 액체 혹은 수증기의 모습으로 우주 속에 항상 존재해 왔던 물이 순간적으로 취하는 일시적인 모습들입니다. 지구 위의 물 중에서 혜성에서 온 것은 얼마나 되는지, 45억 년 전 지구를 형성했던 바위 안에 이미 있었던 물은 어느 정도인지에 대해 과학자들 간에 의견이 다양합니다. 어느 쪽이건, 물은 고대 우주의 역사를 지니고 있으며 비는 생명을 선사하는 순환의 일부입니다.

먼지와 흙을
존중하는 마음

시골을 가로질러 걷다 보면 신발이 흙투성이가 됩니다. 그러면 우리는 길에서 그 흙들을 털거나 긁어내고, 길가의 풀에 신발을 문질러서 흙을 닦아 내려고 애씁니다. 때로는 울타리나 담에서 떨어진 일부 조각들로 신발에 묻은 흙을 파내며 제거하기도 합니다. 그러나 이렇게 열심히 애써도 이런 작업만으로는 흙을 완전히 없앨 수는 없습니다.

집에 도착해서 신발 바닥을 긁어내고, 솔로 문지르고, 물로 깨끗이 씻어 내야 합니다. 그런 후에야 신발은 가죽을 보호하거나 광택을 내기 위해 왁스를 칠할 준비를 마치게 됩니다. 산책을 즐기는 사람에게 이런 신발 관리는 최우선 순위이지요.

그러나 욕실 개수구가 막히지 않도록 실외에서 신발을 닦으려고 신발을 집어서 바닥을 긁어서 털 때, 땅의 일부인 흙 그 자체에는 사실 거의 관심을 기울이지 않습니다. 표면이 울퉁불퉁한 시골길을 걸을 때 신발 바닥에 묻은 진흙과 부엽토, 먼지와 토양, 낙엽 그리고 신발 바닥 틈새에 박힌 작은 돌조각들에는 눈길을 주지 않습니다.

신발에서 흙을 닦아 내면서 우리가 걸으며 디디는 토양과 땅에 대해서 생각할 시간도 거의 없습니다. 하지만 우리가 털어 내는 먼지와 흙을 조금이라도 존중하는 마음을 갖기 시작할 수는 있습니다. 사실 우리 인간도 같은 물질로 만들어졌습니다. 우리가 매일 먹는 식물은 흙을 채소로 만드는 땅에서 자라며, 그렇게 함으로써 우리의 내면에 창조적인 과정이 심화되고 우리의 의식이 땅에서 나오게 되는 결과를 낳습니다.

창조 신화

가장 초기의 신화는 인간을 토양과 연결지어 말하고 있습니다. 성경 창세기를 보면, 야훼(하나님)가 흙으로 첫 인간을 빚어서 그에게 생명을 불어넣습니다. 그 첫 인간은 아담이란 이름을 사실 공짜로 얻은 것이나 다름없는데, 히브리어로 아담은 '흙'을 의미합니다. 기도문에 나온 장례 예배는 '흙은 흙으로, 재는 재로, 먼지는 먼지로'라는 강력한 말로 이 사실을 환기시키고 있습니다.

또한 재의 수요일에 기독교인들은 다음의 말을 되새기며 이마에 재를 문질러 묻히기도 합니다. '너는 그저 먼지에 불과하다는 걸 기억하라. 그리고 너는 먼지로 돌아갈 것이다.'

지카릴라 아파치Jicarilla Apaches는 우리에게 잘 알려져 있지 않은 아메리카 원주민 창조 신화를 들려주는데, 이 신화도 비슷한 내용을 담고 있습니다. 이 신화에 따르면 창조주는 검은 황신Black Hactcin인데 동물들에게 생명을 불어넣기 전에 우선 진흙으로 동물을 빚었고, 그리고 빗방울과 진흙을 섞어서 새들을 만들었다고 합니다. 이 신화는 어느 날 검은 황신이 떠나게 된다면 동물과 새들이 얼마나 불안할지에 대해서 말하고 있습니다. '당신이 언제나 우리와 함께 있을 수는 없잖아요.' 그래서 그들은 동료가 될 인간, 그들을 돌봐 줄 누군가를 만들어 달라고 요구했습니다.

검은 황신은 이 요구를 받아들였고, 인간을 만드는 데 필요한 것들을 구해 오라고 새와 동물들을 보냈습니다. 흰색 진흙, 붉은 돌, 오팔, 붉은색 오커, 머리카락을 만들 검은 구름이 필요했습니다. 그리고 그는 땅 위에 자신과 똑같은 모양으로 사람의 윤곽을 그렸고, 새와 동물들이 구해온 모든 재료를 그 윤곽 안에 넣었습니다. 그는 바람을 호출하여 땅 위에 놓인 그 형상 안으로 들어가라고 지시했습니다. 그래서 인간의 손가락 끝에 회오리 모양의 지문이 남게 되었다고 이 신화는 전하고 있습니다.

검은 황신은 새와 동물들에게 인간을 만드는 동안 그 장면을 절대로 보아서는 안 된다고 주의를 주어 명령했습니다. 그러나 새들은 유혹을 견디지 못하고 그만 그 과정을 지켜보았고, 인간을 만드는 일에 이렇게 미세한 차질이 생겼습니다. 그 결과로 인간은 호기심에 가득한 눈길로 사물을 쳐다보게 되었다고 합니다. 그럼에도 불구하고 첫 번째 인간이 태어났을 때 모든 새들이 일제히 노래를 불렀고, 이것이 지금도 새들이 아침마다 지저귀는 새벽의 합창으로 남게 되었습니다.

땅 위의 창조물

히브리인들과 지카릴라가 전하는 창조 신화는 오늘날 증가하고 있는 시급한 문제, 즉 이 땅 위의 나머지 창조물들을 인간인 우리가 돌보아야 한다는 책임감의 문제에 주목합니다. 그리고 두 신화 모두 우리 인류는 우리가 걸어 다니는 이 땅의 물질들로 만들어졌다는 걸 상기시킵니다. 진흙투성이 길을 오랜 시간 산책을 하고 난 후 신발에서 떼어 내려 애쓰는 그 물질로 우리는 이루어져 있습니다. 우리 인류는 흙으로 만들어졌습니다.

지구가 생성되었던 초기에 지구 표면에는 흙도 진흙도 없었습니다. 식물이 자라고 생명체가 번성할 수 있는 풍부하고 비옥한 경작지가 만들어지는 데에 수백만 년이라는 시간이 걸렸습니다. 빙하의 분쇄 작용으로 거대한 바위들은 흙으로 부수어졌고 이 과정에서 다수의 미네랄이 방출되었습니다(19세기의 저명한 지질학자인 루이스 아가시즈Louis Agassiz는 빙하의 분쇄 작용을 '하나님의 거대한 쟁기'라고 불렀습니다). 암석을 더 많이 소비하는 이끼가 식물이 뿌리를 내릴 수 있는 흙으로 암석을 변형시키면서 진화해 왔습니다. 나무와 이끼의 뿌리덮개가 식물, 동물과 인류가 그것으로부터 진화했던 풍부한 부식토에 추가되었습니다.

우리는 진정으로 땅의 창조물이며, 우리의 신발에 붙어 있는 진흙과 가까운 친척인 것입니다.

코끼리가
걷는 방식

우리는 코끼리가 걷는 방식에서 무언가를 배울 수 있습니다. 아마도 괴이한 얘기처럼 들릴지도 모르겠습니다. 그러나 거대한 몸집의 이 포유동물이 덤불을 헤치며 걸어 나오는 것을 관찰해 본 사람이라면 이 말에 어느 정도는 수긍을 할 것입니다.

보행의 발견은 진화의 창조적인 과정에서 매우 혁신적인 사건 중 하나였습니다. 즐거움, 혹은 건강이나 마음챙김을 위해 걷다 보면 이 말이 무슨 의미인지 이해할 겁니다. 걸을 수 있는 생물은 먹을 것을 구하거나 서로 구애를 하거나 안전을 획득하기 위해 시야를 넓혀

왔습니다. 그들은 생명의 나무(에덴동산의 중앙에 있는 나무로 열매가 영원한 생명을 준다고 알려져 있음 - 역주)의 다른 가지들, 예를 들어 꽃이나 나무 혹은 곰팡이들이 그러듯 한 장소에 묶여 있지 않습니다.

아프리카의 덤불숲을 산책하며 주변을 관찰해 본 사람은 항상 생명체의 움직임에 촉각을 세우게 됩니다. 개미들이 먹을 것이나 진딧물을 찾으러 줄을 지어서 바쁘게 길을 가로질러 기어갑니다. 사자는 저녁이면 치명적인 무기를 발에 숨기고 물웅덩이에 조용히 엎드려 있습니다. 기린은 가시덤불 너머로 우리를 발견하고는 길고 어색한 걸음걸이로 껑충껑충 달아납니다. 영양의 가느다란 섬세한 다리는 선 채로 출발하면서도 놀랄 정도의 민첩성과 속도를 보여 줍니다. 그러나 가장 놀랄 만한 것은 바로 코끼리의 조용한 걸음걸이입니다.

내가 귀를 펄럭이는 이 거대한 몸집의 동물이 그렇게도 부드럽게 걷는다는 걸 처음 깨달은 건 안내인과 함께 케냐의 덤불숲을 걷고 있을 때였습니다. 우리 둘만이 길을 떠났는데, 그 안내인은 문제가 생길 경우를 대비해서 라디오와 낡은 구식 총을 가지고 갔습니다. 나는 도대체 그 총을 사용한 적이 있기는 했는지 매우 의심스러웠지만, 그는 자신감에 넘쳤습니다. 그에게 유일하게 걱정거리가 있었다면, 잠자고 있는 물소와 우연히 대면하는 것이었는데, 물소는 덤불에서 가장 위험하고 행동을 종잡을 수 없는 동물이기 때문입니다.

우리는 숨을 잔뜩 죽이고 가능한 한 조용히 걷고 있었습니다.

'멈춰요' 그가 갑자기 속삭이며 앞쪽을 가리켰습니다. 작은 무리의 코끼리들이 숲의 가장자리에 있는 가시덤불과 아카시아 나무 사이에서 주변을 둘러보고 있었습니다. '우리는 바람이 부는 방향에 있어요. 안전해요!' 우리는 그 자리에서 코끼리 무리를 쳐다보며 서 있었습니다. 그때 내 오른쪽에 있는 덤불 속에서 무언가가 움직였습니다. 화려한 회색 머리의 덤불때까치가 덤불 속에 숨어서 우리를 빤히 쳐다보고 있었습니다. 그 새와 우리는 잠시 동안 서로를 바라보았는데, 그러다 그 새가 돌연히 후다닥 날아가 버렸습니다. 나는 코끼리 무리로 시선을 돌렸습니다. 그런데 그 무리는 이미 이동한 후였습니다.

'어떻게 된 거죠?' 내가 당황해서 물었습니다. '코끼리들이 우리가 내는 소리를 들었나봅니다' 그가 대답했습니다. 이유가 무엇인건, 그 코끼리 무리는 숲속으로 녹아들 듯 조용히 사라졌습니다. 그렇게도 몸집이 크고 다리는 거대한 나무 몸통 같이 묵직한데도 코끼리들은 땅 위를 아주 부드럽게 사뿐사뿐 걷습니다. 소란도 떨지 않고, 와지끈 부서지는 소리나 쿵쿵거리는 소리도 내지 않고 사라집니다. 코끼리들이 걸을 때 주변의 모든 것들이 그 발길에 쓸려 느릿느릿 움직이거나 납작하게 짓밟힐 거라고 예측할 수도 없습니다. 코끼리들은 언제나 조심해서 걷습니다.

마음이 따뜻해지는 이야기

어느 목장 주인이 내게 코끼리들의 사회 행동에 관한 이야기를 들려준 적이 있었습니다. 그는 다른 목장에서 어린 시절을 보냈는데, 엄마 코끼리의 죽음을 애도하는 슬픔에 빠진 어린 코끼리를 목장 근처에서 발견했을 때를 회상했습니다. 그 엄마 코끼리는 상아를 탐내던 사냥꾼 총에 맞아 죽었던 것입니다.

그들은 어린 코끼리를 달래고 반은 강제로 끌어서 목장 안에 있는 집으로 데리고 왔고, 그곳에서 그 코끼리는 소 떼와 말, 개와 사람들이 제각각, 그러나 즐겁게 살고 있는 가정의 일원이 되었습니다. 그는 둑에서 첨벙거리며 노는 것을 좋아했습니다. 목장에서 일하는 사람들이 먹이를 주고 돌보아 주어서 그 어린 코

끼리는 무럭무럭 자랐고, 몇 달이 지나자 목장 사람들은 그가 야
생에서 같은 종의 동물들과 사는 것이 더 낫겠다는 결정을 내리
게 되었다고 합니다. 코끼리 떼가 목장 근처를 지나갈 거라는 소
문이 돌았고, 목장 사람들은 자신들의 비용을 들여 말을 운반하
는 상자에 코끼리를 싣고 코끼리 떼가 지나가는 길목으로 데려
갔습니다. 그 코끼리는 아무런 어려움 없이 빠른 걸음으로 걸을
수 있었고, 코끼리 무리는 저항하지 않고 그 코끼리를 받아들였
습니다. 그리고 코끼리 무리는 이동했습니다.

그로부터 2년이 지난 어느 이른 아침에 이상하게도 한 무리
의 코끼리들이 나타나서 덤불 속에 조용히 서 있었습니다. 한 마
리가 그 무리에서 나오더니 천천히 목장 쪽으로 걸어갔습니다.
그 코끼리는 목장 울타리의 말뚝을 끌어당겼는데 그러다 울타
리의 철조망에 다리가 걸려서 심하게 다쳤습니다. 그 코끼리는
목장 사람들의 옛 친구였던 것입니다. 목장 사람들은 철조망에
서 코끼리를 풀어 주고 상처를 치료해서 그 코끼리가 무사히 무
리로 돌아가는 걸 지켜보았습니다. 코끼리 무리는 줄을 지어서
그 코끼리 주변에 서 있다가 함께 나무 사이로 조용히 사라졌습
니다.

당신은 걷고 있는
자연의 일부이다

우리는 산책을 하면서 주변의 세계와 자신을 동일시하기 시작합니다. 한바탕 소나기가 내린 후에 축축하게 젖은 땅에서 올라오는 냄새를 맡으며 궁극적으로는 우리가 그 땅의 일부라는 걸 기억해 내고 생명을 유지시키는 비를 즐기게 됩니다.

정기적으로 산책을 하는 사람들은 많은 사람들에게는 노출되지 않은 세계를 바라보는 특권을 가질 수 있습니다. 마음챙김에 유념하며 산책을 할 때, 시골의 경사진 길을 내려오며, 혼잡한 도심의 시끌법석한 거리를 통과하거나 야생 숲을 지나 빠져나오며, 지구 표면에서 우리에게 할당된 아주 작은 땅의 한 조각을 가로질러 걸으면서, 우리는 당연히 우리가 누구인지에 대한 생각을 정리하는 법을 배웁니다.

자연과 연결되어 있다는 것을, 우리를 둘러싼 생명체 그물 안에서 우리가 어떻게 적응하고 있는지를 인식하기 시작합니다. 수많은 질문이 담긴 생각에 몰두하고 아름다움을 감상하며 자신의 주변을 둘러보며 앞을 향해 똑바로 걸어가는 우리는 나무, 벌레, 나비, 새들이 그런 것과 마찬가지로 생태계의 산물입니다. 우리 인류는 긴 시간을 걸쳐 이 사실을 이해할 수 있었습니다.

언젠가는 반드시 죽게 될 동료들

인간을 포함한 모든 생명체가 이렇게 상호 의존하고 있다는 이 진실은 개개인 각자가 알아서 해결할 수 있는 그런 것이 아닙니다. 우리는 수백 년 동안 진행된 과학 연구에, 사물을 있는 그대로 보는 통찰력을 가졌던 현대 '선지자'들의 말에 의존하고 있습니다. 존 뮤어(John Muir, 1838~1914)는 그런 선지자 중 한 명이었습니다. 그는 진실로 위대한 인물로, 산악인이자 황야의 현자이며 마음챙김의 산책자였습니다. 그는 캘리포니아주의 요세미티 Yosemite 계곡을 너무나도 사랑했으며, 북아메리카의 훌륭한 국립공원을 창시한 사람들 중에서 가장 당당하고 강경하게 자신의 의견을 밝혔습니다. 그의 견해에 따르면 모든 다른 생명체들은

'언젠가는 반드시 죽게 될 동료들'로 생각해야만 했습니다.

인류 진화의 초기 단계에, 인류가 자신들이 어떤 식으로건 자연보다 우위에 있다고 생각하게 된 건 이해할 만합니다. 그들은 자신들의 주변 세계, 자신들의 생존과 즐거움을 위해 제공된 자원들을 착취하고 지배하는 것이 자신들의 권리라고 믿었습니다. 이런 우월적인 자세는 초기 인류들에게 모든 다른 창조물을 '지배할 것'을 명령하는 유대-기독교 경전인《창세기》에서도 볼 수 있습니다.

황무지를 보존하라

존 뮤어는 스코틀랜드 사람으로 던바에서 태어났습니다. 그는 11살이던 1849년에 가족과 함께 위스콘신으로 이민을 갔습니다. 부친은 매우 엄격한 전제주의적 경향을 지녔고 복음주의에 충실했으며 존 뮤어에게 신약 전체(그리고 구약의 대부분)를 암기하도록 강요했습니다. 그래서 그는《창세기》의 창조 이야기에서, '바다의 물고기, 공중을 나는 새, 땅 위를 기어다니는 모든 살아 있는 생명체를 지배하고', 자연을 정복할 것을 인류에게 명령하는 신성한 지시에 대해 읽었을 것입니다.

그러나 그가 새로 이사 간 집의 숲을 산책하고, 나무와 새들을 사랑하고, 산을 등반하고 빙하를 탐색하며 성장하면서, 그는 사물을 다르게 보기 시작했습니다. 그에게 신에 대한 이야기를 들려주는 다른 책, 자연의 책을 발견했습니다.

그는 황무지에 대해 말하고, 자연에 발언권을 주었습니다. '신의 황무지 안에 세계에 대한 희망이 놓여 있다'고 썼으며 '매우 신선하고 결점이 완화되지 않은 황무지'라고 했습니다. 그리고 '자연과 함께 걸을 때마다, 사람은 자신이 추구하는 것 이상의 것을 받게 됩니다'라고 주장했습니다. 또한 그는 인류에겐 절대적으로 황무지가 필요하다고 썼습니다.

'피곤에 절고, 신경을 많이 쓰고 지나치게 문명화된 수천 명의 사람들은 산에 오르는 것이 집으로 가는 것이라고, 황무지는 꼭 필요하다고 생각하기 시작했습니다……' 살아 있는 세계를 상업 중심으로 때로는 고의적으로 파괴하는 것에, 거대한 삼나무를 마구잡이로 베어 내는 것에, 혹은 북극곰에게 총격을 가하는 것에 질겁하며, 뮤어는 그것들을 보호하기 위해 싸웠습니다 (이 인용문은 메리 콜웰Mary Colwell의 탁월한 전기인《존 뮤어: 미국의 황무지를 구해 낸 스코틀랜드인》에서 발췌했습니다).

삶의 과정

산책을 하다 보면, 우리를 살아 있도록 하는 산소를 공기 중으로 내뿜는 나무와 우리가 공동의 조상을 공유한다는 걸 알게 됩니다. 우리는 우리에게 매일 빵을 제공하는 곡물과 관련 있는 식물과 같은 저장물에서 나왔습니다. 산책을 하다 마주치게 되는 들쥐, 다람쥐, 소와 말은 우리와 가까운 포유류 사촌들입니다. 이 세계가 우리에게 속하는 것만큼, 이 세계는 그들에게도 속해 있습니다. 우리는 합작 투자한 기업의 소유주입니다.

그러나 우리 자신의 삶과 공명하는 자연도 끊임없이 움직입니다. 앞으로 돌진하고, 진화하면서 새로운 형태를 탐구합니다. 대지에 사람의 손이 닿지 않으면, 잡초와 덤불이 땅을 점령하고, 버들잎바늘꽃, 분홍바늘꽃, 쐐기풀, 가시금작화와 층층나무로 재빨리 뒤덮입니다. 삶은 정적이지 않으며, 우리가 마음챙김을 통해 발견한 평온함은 자신을 순간에 간히도록 내버려 두지 않습니다. 우리 자신의 삶은 진화하고 변합니다. 그것은 삶의 과정에서 볼 수 있는 자연스러운 특징입니다.

나에게 힘이 되는 마음챙김 걷기

걷다 보니 마음이 편해졌습니다

초판 1쇄 인쇄 2020년 3월 10일
초판 1쇄 발행 2020년 3월 15일

지은이 애덤 포드 | **옮긴이** 최린
펴낸이 오연조 | **디자인** 성미화 | **경영지원** 김은희
펴낸곳 페이퍼스토리 | **출판등록** 2010년 11월 11일 제 2010-000161호
주소 경기도 고양시 일산동구 정발산로 24 웨스턴타워 T1-707호
전화 031-926-3397 | **팩스** 031-901-5122 | **이메일** book@sangsangschool.co.kr

한국어판 출판권 ⓒ 페이퍼스토리
ISBN 978-89-98690-50-2 03190

• 페이퍼스토리는 ㈜상상스쿨의 단행본 브랜드입니다.
• 이 도서의 국립중앙도서관 출판예정도서목록(CIP)은 서지정보유통지원시스템 홈페이지
  (http://seoji.nl.go.kr)와 국가자료공동목록시스템(http://www.nl.go.kr/kolisnet)에서 이용하실 수 있습니다.
  (CIP제어번호: CIP2020003721)

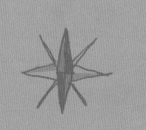